光明社科文库
GUANGMING DAILY PRESS:
A SOCIAL SCIENCE SERIES

·经济与管理书系·

城市民族社区治理能力评估和提升路径研究

车 峰 | 著

光明日报出版社

图书在版编目（CIP）数据

城市民族社区治理能力评估和提升路径研究 / 车峰著. -- 北京：光明日报出版社，2023.5
ISBN 978－7－5194－7178－1

Ⅰ.①城… Ⅱ.①车… Ⅲ.①城市—民族地区—社区管理—研究—中国 Ⅳ.①D669.3

中国国家版本馆 CIP 数据核字（2023）第 074784 号

城市民族社区治理能力评估和提升路径研究
CHENGSHI MINZU SHEQU ZHILI NENGLI PINGGU HE TISHENG LUJING YANJIU

著　者：车　峰	
责任编辑：杨　茹	责任校对：张慧芳
封面设计：中联华文	责任印制：曹　净

出版发行：光明日报出版社
地　　址：北京市西城区永安路 106 号，100050
电　　话：010－63169890（咨询），010－63131930（邮购）
传　　真：010－63131930
网　　址：http://book.gmw.cn
E － mail：gmrbcbs@gmw.cn
法律顾问：北京市兰台律师事务所龚柳方律师
印　　刷：三河市华东印刷有限公司
装　　订：三河市华东印刷有限公司
本书如有破损、缺页、装订错误，请与本社联系调换，电话：010-63131930

开　　本：170mm×240mm
字　　数：154 千字　　　　　　　　　印　　张：11.5
版　　次：2023 年 5 月第 1 版　　　　印　　次：2023 年 5 月第 1 次印刷
书　　号：ISBN 978－7－5194－7178－1
定　　价：85.00 元

版权所有　　翻印必究

序 言

社区是现代社会的基本单元,是国家治理体系和治理能力现代化的微观基础。习近平总书记多次强调:"社区是基层基础,只有基础坚固,国家大厦才能稳固""要推动社会治理重心向基层下移,把更多资源、服务、管理放到社区"。因此,社区治理的效果和水平,事关社会和谐稳定与国家长治久安,事关国家治理体系和治理能力现代化的顺利实现。与此同时,随着城市化的进程加快,我国进入了各民族跨区域大流动的活跃期,据统计,当前居住在城市和散居地区的少数民族人口已经超过少数民族总人口的1/3,少数民族流动人口已增长至3000多万人,占到我国少数民族总人口的1/4。随着各民族交往交流交融的不断深入,城市民族社区这种特殊的社区类型,也逐渐被社会各界所关注。城市民族社区作为城市社会生活共同体,一般都有一定规模的少数民族人口集中居住,民族文化特色比较鲜明,兼具地域性、社会性和民族性。因此,城市民族社区既是基层治理的微观场域,也是新时代城市民族工作的重要依托和载体。

社区治理能力可以看作是国家治理现代化的微观起点,而社区治理能力评估则是有效提升基层社会治理水平的重要举措和工具保障。本书以城市民族社区治理为研究对象,以社区治理能力评估为切入点,构建了城市民族社区治理能力评估的指标体系,探究其影响因素及提升路径,旨在推进社区治理能力现代化转型,激发基层治理创造力和社会创新活力，同时促进各族居民更好地交往交流交融，维护和发展平等、团结、互助、和谐的社会主义民族关系。此外，当前铸牢中华民族共同体意识已成为新时代民族工作的主线，通过提升城市民族社区治理能力，可以将共同体意识浸润到各族居民工作、生活的方方面面，从而助推这一重大时代任务的完成。

　　本书首先在综合阐述社区治理、社区能力以及城市民族社区等概念的基础上，明晰了城市民族社区治理能力的理论要义以及在我国治理实践中的具体内涵，进而遵循"投入—过程—结果"的实践逻辑，设立制度建设能力、资源整合能力、社区参与能力、社区自治能力、依法治理能力、社区包容能力、社区凝聚能力、社区服务能力和矛盾调解能力共9个一级指标，17个二级指标，并采用熵权法为每个指标赋予了相应权重，完成城市民族社区治理能力评估指标体系的构建。其次，分别从东部少数民族散杂居地区和中西部少数民族聚居地区共选取了27个有代表性的城市民族社区为样本进行调查实证，涵盖了历史形成的传统民族社区、"单位制"形成的民族社区、流动人口聚集形成的民族社区和转制民族社区等不同类型的城市民族社区。研究系统测评了27个不同类型的城市民族社区的治理能力，并对样本社区治理能力各分项指数以及不同类型的城市民族社区进行系统的比较分析，介绍了治理能力较强的城市民族社区治理的典型案例，归纳总结有效的治理经验。在此基础上，从主体、结构和环境三个维度对城市民族社区治理能力的影响因素展开探讨，揭示和诊断城市民族社区治理能力高低背后的驱动力量。最后，基于元治理理论视角，结合我国城市民族社区的特殊性，从主体、结构和环境三个层面为城市民族社区探寻提升社区治理能力的可行路径和政策建议。

　　本书的特点和研究意义在于：第一，以往对社区治理的研究较少关注城市民族社区这一特殊的社区类型，本书则对北京、南京、义乌、宁波、成都、西宁、南宁和伊犁等8个城市的民族社区进行了较大范围的调查，在大样本支撑的基础上试图为提升城市民族社区治理能力提供有效路径和对策建议，推动城市民族社区治理现代化转型，让城市更好接纳少数民族群众，让少数民族群众更好融入城市，最终在社会治理的微观场域中促进各族居民交往交流交融，铸牢中华民族共同体意识。第二，本书将社区治理能力界定为整合社区内外资源，联合多元主体，通过协商共治，实现社区公共利益的能力，既体现在前期资源整合与投入中，也体现在协商对话、协作共治的过程中，最终呈现为社区的治理成效。因此，我们从"投入—过程—产出"三个维度构建了城市民族社区治理能力评估指标体系。第三，本书没有把评估指标体系构建停留在理论层面，而是选取了27个不同地区和不同类型的城市民族社区作为样本，结合社区治理实践实地测算和比较分析了城市民族社区治理能力，确保了指标体系的科学性、合理性和可行性。

最后，本书的付梓还要感谢周雅琳和王菲两位同学的辛苦付出。囿于作者的水平和能力，书中肯定存在不少问题和不足，希望各位学界同仁不吝赐教。

车峰
2022年8月于北京

目 录
CONTENTS

导　论 ………………………………………………………………… 1
 第一节　研究背景和意义 ……………………………………… 1
 第二节　国内外研究述评 ……………………………………… 5
 第三节　研究内容和方法 ……………………………………… 28
 第四节　主要观点和创新之处 ………………………………… 31

第一章　城市民族社区和社区治理能力的理论阐释 …………… 33
 第一节　城市民族社区的理论阐释 …………………………… 33
 第二节　社区治理能力的理论阐释 …………………………… 46
 第三节　城市民族社区治理的理论阐释 ……………………… 51

第二章　城市民族社区治理能力评估框架和指标设计 ………… 61
 第一节　城市民族社区治理能力评估框架 …………………… 61
 第二节　城市民族社区治理能力指标设计 …………………… 66
 第三节　城市民族社区治理能力评估指标的权重确定 ……… 76

第三章 城市民族社区治理能力测度与比较 …… 83
　第一节　城市民族社区治理能力的总体测度 …… 83
　第二节　城市民族社区治理能力的分类测度 …… 88
　第三节　城市民族社区治理能力的东西部比较 …… 93

第四章 城市民族社区治理能力的典型案例 …… 100
　第一节　成都 XMQ 社区 …… 100
　第二节　宁波 XY 社区 …… 104
　第三节　南京 TYJ 社区 …… 108
　第四节　宁波 XS 社区 …… 111
　第五节　北京 ADLB 社区 …… 113
　第六节　西宁 CY 社区 …… 116

第五章 城市民族社区治理能力的影响因素 …… 121
　第一节　主体维度 …… 122
　第二节　结构维度 …… 130
　第三节　环境维度 …… 136

第六章 城市民族社区治理能力的提升路径 …… 141
　第一节　推动赋权增能，培育多元治理主体 …… 142
　第二节　凝聚治理合力，构建社区治理共同体 …… 147
　第三节　促进交流互鉴，坚持因地制宜 …… 154

参考文献 …… 156

导 论

第一节 研究背景和意义

一、研究背景

"小社区联通着大国家"。社区是国家治理的基础单元和重要场域，社区治理是国家治理的基础性工程，自从党的十八大把推进国家治理体系和治理能力现代化作为全面深化改革的总目标，社区治理现代化转型就成为社区管理的工作导向和重要目标。党的十九大报告明确提出"打造共建共治共享的社会治理格局，加强社区治理体系建设，推动社会治理重心向基层下移，发挥社会组织作用，实现政府治理和社会调节、居民自治良性互动，实现国家治理体系和能力现代化的改革总目标"[1]。十九届四中全会指出要"加强和创新社会治理，完善党委领导、政府负责、民主协商、社会协同、公众参与、法治保障、科技支撑的社

---

[1] 习近平. 决胜全面建成小康社会 夺取新时代中国特色社会主义伟大胜利——在中国共产党第十九次全国代表大会上的报告 [J]. 党建, 2017, 359 (11): 15-34.

会治理体系，建设人人有责、人人尽责、人人享有的社会治理共同体"①。"十四五"规划也明确提出"构建基层社会治理新格局""推动社会治理和服务重心下移、资源下沉，提高城乡社区精准化精细化服务管理能力"②的要求。2021年7月11日，中共中央、国务院发布的《关于加强基层治理体系和治理能力现代化建设的意见》更是明确"基层治理是国家治理的基石""是实现国家治理体系和治理能力现代化的基础工程"，要"以改革创新和制度建设、能力建设为抓手，建立健全基层治理体制机制，推动政府治理同社会调节、居民自治良性互动，提高基层治理社会化、法治化、智能化、专业化水平"③。由此可见，社区作为国家治理的基本单元和社会治理体系的基石，在提升社会治理、优化社会服务以及维护社会稳定等方面发挥着显著作用。加快社区治理能力现代化建设有助于夯实国家治理能力现代化的基石，是实现社区良好治理的关键抓手和提升基层治理水平的重要前提。

民族社区作为多个民族居民聚集在一定区域内的生活共同体，是各民族群众共生共学共事共乐的重要场所，也是城市民族工作的基础场域和重要载体。当前，随着城市化进程的不断加速，各族人口的跨区域流动越来越频繁，社会流动性进一步增强，并且流动范围逐渐扩大。习近平总书记在2014年中央民族工作会议暨国务院第六次全国民族团结进步表彰大会上深刻指出，少数民族同胞进入城市，是历史发展的趋势，带动了民族地区发展，也有利于民族团结。改革开放以来，我国进入了各民族跨区域大流动的活跃期，做好城市民族工作越来越重要。各族群

---

① 中国共产党第十九届中央委员会第四次全体会议文件汇编[M]．北京：人民出版社，2019．
② 中华人民共和国国民经济和社会发展第十四个五年规划和2035年远景目标纲要[M]．北京：人民出版社，2021．
③ 中共中央国务院关于加强基层治理体系和治理能力现代化建设的意见[M]．北京：人民出版社，2021．

众跨区域流动的频繁化让少数民族人口"大杂居、小聚居"的分布格局更加普遍，在一些大中城市，尤其是东部发达地区，少数民族流动人口数量已经远超当地世居少数民族。在此背景下，各族居民带来的多元文化背景、多样风俗习惯和差异化需求在民族社区中不断碰撞与交融。与此同时，居民生活原子化、利益需求多样化以及城市基层治理的碎片化等问题也给民族社区治理带来了诸多挑战，城市民族社区面临着矛盾冲突高发、建设力量不足和参与主体融入度低等问题，这也使得完善社区治理体系、提升社区治理能力成为推动城市民族社区治理现代化进程的迫切需求。

社区治理能力是国家治理能力的重要内容和基础支撑。2017年中共中央、国务院出台的《关于加强和完善城乡社区治理的意见》指出，"2020年，要使城乡社区治理体制更加完善、社区治理能力显著提升，城乡社区公共服务、公共管理、公共安全得到有效保障。5到10年后，城乡社区治理体制更加成熟定型，城乡社区治理能力更为精准全面"，并将城乡社区治理能力概括为"六大能力"，即增强社区居民参与能力、提高社区服务供给能力、强化社区文化引领能力、增强社区依法办事能力、提升社区矛盾预防化解能力、增强社区信息化应用能力。而民族社区作为城市社区的一种重要形态，围绕城市民族社区治理能力展开研究，构建城市民族社区治理能力评估体系，探究其影响因素及提升路径，不仅能够激发基层治理创造力和社会创新活力，推进国家治理体系和治理能力现代化转型，而且有利于各族居民更好地交往交流交融，增强各族居民的获得感和幸福感，维护和发展平等、团结、互助、和谐的社会主义民族关系。在2021年中央民族工作会议中，习近平总书记强调要提升民族事务治理体系和治理能力现代化水平，坚持党对民族工作的领导，提升解决民族问题、做好民族工作的能力和水平。当前，铸牢中华民族共同体意识已成为新时代民族工作的主线，而铸牢中华民族共同体意识不仅是一个重大的理论命题，更是一个需要直面的实践命题。

城市民族社区治理可以成为铸牢中华民族共同体意识的实践依托,通过提升城市民族社区治理能力,将共同体意识浸润到各族居民工作、生活的方方面面,从而助推这一重大时代任务的完成。

二、研究意义

(一) 学术意义

1. 已有学术成果大多集中于一般城市社区治理体系和治理能力的探讨,专门针对城市民族社区治理能力开展的分析较少,针对城市民族社区治理能力的一套切合实际、科学、具体、可操作的评价指标体系暂未形成,对城市民族社区治理的特殊性关注不多。本研究通过构建城市民族社区治理能力的解释框架和评估指标体系,拓展和深化城市社区治理与社会治理的基本理论,丰富我国基层社会治理评估的研究视野和内容。

2. 现有成果更侧重于针对某一治理问题来探讨提升城市民族社区治理能力的对策建议,较少系统分析和提炼城市民族社区治理能力的影响因素,围绕城市民族社区治理的政策主张较为"碎片化"。本研究通过全面分析城市民族社区治理能力的影响因素,把现代治理理论和民族理论更紧密地结合起来,为城市社会治理能力现代化和城市民族工作创新提供新的视角和理论支撑。

(二) 现实意义

1. 据统计,当前居住在城市和散居地区的少数民族人口已经超过少数民族总人口的1/3,少数民族流动人口已增长至3000多万人,占到我国少数民族总人口的1/4[①],城市已成为民族关系问题的主要引发区。本书将深化对城市民族社区治理能力要素的认识,进而为完善城市民族

---

① 尤权. 做好新时代党的民族工作的科学指引——学习贯彻习近平总书记在中央民族工作会议上的重要讲话精神[J]. 求是,2021 (21).

社区治理的政策体系服务，让城市更好接纳少数民族群众，让少数民族群众更好融入城市，推动各民族交往交流交融，铸牢各族群众的中华民族共同体意识。

2. 社区治理是社会治理的微观基础。本研究将环境差异、社区类型纳入考虑，基于全国东、西部8个城市，27个民族社区的实地调研，较为全面地了解掌握当前城市民族社区治理能力的建设现状，并基于城市民族社区治理实践，构建了社区治理能力评估体系，探析了社区治理能力的影响因素，以期能为改革城市社会治理体制、完善城市民族工作和优化社区建设提供现实操作的借鉴和参考。

第二节　国内外研究述评

中央城市工作会议提出："要转变城市发展方式，完善城市治理体系，提高城市治理能力。"[①] 中央民族工作会议则指出："城市民族工作要把着力点放在社区，推动建立相互嵌入式的社会结构和社区环境。"[②] 因此，当前城市民族社区治理的重要性日益凸显，现实迫切要求转变"维稳"的惯性思维和"压力型"主导体制，推动城市民族社区治理能力现代化，实现各民族居民共治共管、共建共享。基于此，我们对现有研究成果梳理如下。

一、城市社区治理体制研究

自斐迪南·滕尼斯（Ferdinand Toennies）提出"社区"概念之后，

---

① 中央城市工作会议在北京举行［EB/OL］. http://www.xinhuanet.com/politics/2015-12/22/c_1117545528.htm, 2015-12-22.
② 国家民族事务委员会. 中央民族工作会议精神学习辅导读本［M］. 北京：民族出版社，2015.

早期的西方学者多着眼于城市社区内部权力关系展开讨论，针对社区治理体制逐渐形成了精英论、多元论和两者融合的多种理论流派。

首先，精英论认为城市社区权力归属于少数社区精英，社区精英联系广泛、互动紧密，在社区治理中占据统治地位，控制社区主要决策权，并通过声望和职位将私人观点转为盛行的公共观点。精英论的主要代表人物有林德夫妇（Lynd & Lynd）、亨特（Hunter）和米尔斯（Mills）。20世纪七八十年代以后，又逐渐形成城市社区以国家权力为主导的观点，卡利可·汤姆森（Kaleekal Thomson）和蒂姆·格雷（Tim Gray）的研究表明，政府在社区治理中具有组织和资源等多方面的优势，相比其他治理主体更能够从国家治理和全局方向考虑社区建设和治理问题，更能确保社区公平。①

其次，多元论的代表人物罗伯特·达尔（Robert Alan Dahl）发现社区权力的分布是多元的，不同的群体都在特定的决策领域拥有一定权力。② 约翰·曼利（John Manley）指出，当决策议题受到社区居民强烈关注时，社区权力的多元性体现得更为明显。③ 20世纪七八十年代后，形成了以社会权力为主导的观点，其一，查尔斯·萨贝尔（Charles Sabel）认为社会组织参与城市社区治理可以整合优化社区资源。④ 其二，杰拉德·贝勒费耶（Gerard Bellefeuille）提出社区居民从切身利益和角度出发参与城市社区治理更有利于社区治理的有效性，更能促进社区决

---

① THOMSON K, GRAY T. From Community-Based to Co-Management: Improvement or Deterioration in Fisheries Governance in the Cherai Poyil Fishery in the Cochin Estuary, Kerala [J]. India Marine Policy, 2009, 33 (04): 537-543.
② DAHL R A. Who Governs? Democracy and Power in an American City [M]. New Haven and London: Yale University Press, 1961.
③ MANLEY J. Class, Power and the State in Capitalist Society [M]. London: Palgrave Macmillan, 2008.
④ SABEL C. A. Quiet Revolution of Democratic Governance: Towards Democratic Experimentalism [R]. Chicago: Conference in the 21st Century Governance, 2000.

策的公平性。① 其三，威廉·普劳登（William Plowden）认为社区志愿组织在城市社区治理过程中发挥的作用越来越重要。② 克里斯托普杰尔·库兹达斯（Christopher Kuzdas）、本杰明·华纳（Benjamin Warner）等指出，社区利益相关者参与的社区治理体制是公正的、科学的和可持续的治理模式，而单一主体参与社区治理则面临治理系统转变的问题。③

最后，随着治理理论的盛行以及新自由主义和社区主义的调和，社区治理被赋予新的内涵，代表着公私部门界限渐趋模糊的管理风格。目前，西方学者普遍使用"合作治理"的分析框架，将"多主体合作"视为治理的核心要素，查尔斯·萨贝尔指出，公私部门应是正式的伙伴关系，在社区治理中应该重视国家与非国家组织的制度与结构安排。④ 贡·皮埃尔（Gon Pierre）强调，社区治理是政府与社会的互动与合作的过程，因此不能忽视社会所具备的处理社区事务的能力，否则容易使政府在进行社区决策时出现效率低下和非理性等问题。⑤ 托尼·博维德（Tony Bovaird）指出制定社区政策需要多元治理主体之间的相互协商与合作，而不是政府部门的独自行动。⑥ 显然，随着社区治理理论和社区治

---

① BELLEFEUILLE G. The New Politics of Community-Based Governance Requires a Fundamental Shift in The Nature and Character of The Administrative Bureaucracy [J]. Children and Youth Services Review, 2005, 27 (05): 491-498.
② PLOWDEN W. The Compact: Attempts to Regulate Relationships between Government and the Voluntary Sector in England [J]. Nonprofit and Voluntary Sector Quarterly, 2003, 32 (03): 415-432.
③ KUZDAS C, WARNER B, WIEK A, et al. Sustainability Assessment of Water Governance Alternatives: The Case of Guanacaste Costa Rica [J]. Sustainability Science, 2016, 11 (02): 125-137.
④ SABLE C. A Quiet Revolution of Democratic Governance: Towards Democratic Experimentalism [J]. Conference in the 21st Century Governance, 2000: 167-182.
⑤ PIERRE G, PETERS G. Governance: A Garbage Can Perspective [J]. IHS Political Science Series, 2002: 84-103.
⑥ BOVAIRD T. Beyond Engagement and Participation: User and Community Coproduction of Publics Services [J]. Public Administration Review, 2007, 67 (05): 846-860.

理实践的不断发展，单纯强调城市社区治理中的国家权力或社会权力都已不符合城市社区治理实际，两者良性合作才是城市社区治理的发展方向。

国内对城市社区治理的研究伴随着单位制的解体以及社区建设运动的开展，围绕城市社区治理变迁、国家与城市基层社会关系模式、城市社区治理困境、城市社区治理转型等方面进行了探讨。学者们针对中国城市社区治理是应该侧重加强社区居民自治，还是强化国家对城市社区的管控进行了探究与讨论，由此出现了"国家主导说""社区自治说"以及"融合型社区"三种观点。

持"国家主导说"的学者认为，随着我国市场经济不断发展和单位制的解体，大量的社会矛盾产生并堆积在城市社区，因此，需要强化国家政权在社区层面的建设；同时，由于以往计划经济和政治经济体制传统的惯性作用，我国容易形成国家主导型的城市社区治理模式。卢学晖认为，政府主导型城市社区自治是我国城市社区自主性力量不足、国家自主性力量发展的必然选择，也是经济体制改革和社会结构转型的必然结果；但是还需政府适当调整这一社会整合模式，以促使城市社区从"政府主导"向"社区自治"方向发展。① 杨敏认为，城市社区是国家在单位制解体之后形成或设置的国家治理单元，而城市社区自治是实现现行管理体制合法化的方式，由此，城市社区治理具有"行政吸纳"和"国家主导"的特征。② 李利文认为地方政府采取重行政干预（管制）、轻社会性辅助（服务）的手段对城市社区实行"自上而下"的单向度管控，由于"费随事转、权随责走"落实不到位，被纳入行政体系的社区居委会长期徘徊在政府的"腿"和居民的"头"之间。在国家权力触角向城市基层社会延伸的过程中，城市政府机构不断膨胀，各

---

① 卢学晖.中国城市社区自治：政府主导的基层社会整合模式——基于国家自主性理论的视角［J］.社会主义研究，2015（03）：74-82.
② 杨敏.作为国家治理单元的社区——对城市社区建设运动过程中居民社区参与和社区认知的个案研究［J］.社会学研究，2007（04）：137-164，245.

层级部门之间的利益不断嵌入，使得城市基层社会治理体系呈现出刚性治理的态势。① 而近年来学者们更倾向于研究党建引领在城市社区治理中的作用和路径，认为推动社区治理能力现代化首先就必须坚持党的领导，发挥基层党组织方向引领和"动力引擎"的作用。②③④⑤ 王可园对政党社会化在中国的特殊功能做出了论述，并表示近年来，中国共产党主要从严密组织体系、健全组织功能、改进工作方式和活动方式以及凝聚价值共识这四个方面，推进了政党社会化发展，增强了党和城市基层社会的联系，提升了党领导城市基层治理的能力。⑥

持"社会自治说"的学者从"价值判断"的"应然"角度出发，认为应该发挥社会本身的优势，通过城市社区自治来完成社会自我治理。姚华、王亚南认为尽管法律和政府将"议行分设"作为城市社区改革的目标，但是从实践角度，基层管理体制和改革措施缺位等问题会导致城市社区居民无法实现真正的社区自治。⑦ 朱健刚认为，实现政社分离是当前中国行政体制改革的重要目标，其关键是避免基层政权的全能政府思维和控制导向，同时大力培育和发展各种各样的社会自治组织，激发城市社区自治的活力。⑧ 陈伟东认为社区治理要从"政府行

---

① 李利文，申彬，彭勃．城市基层治理创新中的"认知内卷化"——以上海 XH 区物业管理深化改革为例［J］．社会科学研究，2016（02）：39-51．
② 原珂．推进社区治理能力现代化的系统思路［J］．理论探索，2021（03）：16-22．
③ 胡杰成，银温泉．"十四五"时期完善城镇社区治理体制的思路与举措［J］．改革，2020（07）：55-66．
④ 杨军剑．城市社区治理效能的整体提升及优化路径探析［J］．学习论坛，2019（08）：85-89．
⑤ 何绍辉．党建引领与城市社区治理质量提升［J］．思想战线，2021，47（06）：58-66．
⑥ 王可园．"政党社会化"内涵的系统建构与实践考察——基于城市社区治理的分析［J］．社会科学，2021（12）：45-56．
⑦ 姚华，王亚南．社区自治：自主性空间的缺失与居民参与的困境——以上海市 J 居委会"议行分设"的实践过程为个案［J］．社会科学战线，2010（08）：187-193．
⑧ 朱健刚．论基层治理中政社分离的趋势、挑战与方向［J］．中国行政管理，2010（04）：39-42．

动"逐步转向"社会行动",以实现政府管理与社区自治有效衔接。①张邦辉等人认为,需要通过多元主体联动、深化社区居民自治、营造内生型公共性等再组织化手段实现城市社区"大联动、微治理、细服务"的治理体系。② 俞祖成、黄佳陈基于走读观察法和定点观察法的上海社区田野调查发现,未来,我国城市社区治理不仅需要政府部门的适当介入和政策支持,更需要立足于居民责任和义务的居民自治。③ 曾丽敏、刘春湘认为社会组织在城市社区治理中的参与程度常常受到非正式制度和正式制度的深刻影响。④⑤ 管志利认为社会组织"嵌入式"发展是阶段路径,"融入式"发展是升级路径,要推动制度要素和技术治理联动优化,形成更加成熟健全的组织自主性生长机制。⑥

持"融合型社区"观点的学者认为,城市社区治理应该实现国家主导与社区自治的统一,要构建多元主体的城市社区治理体制,⑦⑧⑨这是我国城市社区治理的发展方向。王汉生认为,我国市民社会和城市社区自治的发展并非自然生成的,国家或政府等主体通过各种制度性的

---

① 陈伟东,许宝君. 社区治理责任与治理能力错位及其化解——基于对湖北12个社区的调查[J]. 华中农业大学学报(社会科学版),2016(01):101-107,131.
② 张邦辉,吴健,李恬漩. 再组织化与社区治理能力现代化——以成都新鸿社区的实践为例[J]. 中国行政管理,2019(12):65-70.
③ 俞祖成,黄佳陈. 城市社区治理的困境:居民权利与义务的失衡——基于上海社区田野调查的思考[J]. 上海大学学报(社会科学版),2021,38(05):56-67.
④ 曾丽敏,刘春湘. 社会组织参与城市社区治理的正式制度嵌入性分析[J]. 城市发展研究,2022,29(03):124-132.
⑤ 曾丽敏,刘春湘. 非正式制度对社会组织参与城市社区治理的影响[J]. 北京社会科学,2021(11):106-116.
⑥ 管志利. 合法性与联动性:城市社区治理结构的社会组织嵌入——一个新制度主义的分析框架[J]. 中共天津市委党校学报,2022,24(01):86-95.
⑦ 任克强,胡鹏辉. 社会治理共同体视角下社区治理体系的建构[J]. 河海大学学报(哲学社会科学版),2020,22(05):99-105.
⑧ 高杉. 基于多元主体的城市社区治理体制改革创新[J]. 人民论坛,2015(36):59-61.
⑨ 陆军,丁凡琳. 多元主体的城市社区治理能力评价——方法、框架与指标体系[J]. 中共中央党校(国家行政学院)学报,2019,23(03):89-97.

途径或者非正式渠道影响着城市社区治理行动和城市社区组织行为,国家和社区之间是彼此影响、相互融合的关系。① 赵秀梅认为,国家与城市社区之间具有资源互补性,因此国家与城市社区组织的互动能够形成双赢的局面,一方面,能够增强国家治理能力和城市社区治理能力;另一方面,城市社区社会组织在获得自主行动的空间的同时实现了组织目标。② 陈纪、陈友华、黄建、胡杰成等都提出要构建党建引领下政府治理和社会调节、居民自治良性互动的城市社区治理体制。③④⑤⑥ 郭圣莉和杨军剑都从整体性治理视角提出各治理主体对社区事务进行充分参与、协商,以共建共治共享的方式协同推动基层社会发展与进步,完善城市社区治理体制。⑦⑧ 袁方成、邓涛认为有效整合基层行政体系和大力培育社区社会性要素是国家治理现代化建设的重点。⑨ 但迄今为止,虽然学者们都强调了社区治理主体的多元性、平等性和合作共治关系,但是社区治理中政府、市场、社会三大社区治理主体仍然处于非良性运

---

① 王汉生,吴莹. 基层社会中"看得见"与"看不见"的国家——发生在一个商品房小区中的几个"故事"[J]. 社会学研究,2011,25(01):63-95,244.

② 赵秀梅. 基层治理中的国家—社会关系——对一个参与社区公共服务的NGO的考察[J]. 开放时代,2008(04):87-103.

③ 陈纪,胡北. 新时代提高社区治理能力应着力加强党的领导[J]. 求知,2021(02):42-44.

④ 陈友华,夏梦凡. 社区治理现代化:概念、问题与路径选择[J]. 学习与探索,2020(06):36-44.

⑤ 黄建. 城市社区治理体制的运行困境与创新之道——基于党建统合的分析视角[J]. 探索,2018(06):102-108.

⑥ 胡杰成,银温泉. "十四五"时期完善城镇社区治理体制的思路与举措[J]. 改革,2020(07):55-66.

⑦ 郭圣莉,张良. 改革开放以来中国城市社区制的形成及其推进机制研究[J]. 理论探讨,2020(01):161-169.

⑧ 杨军剑. 城市社区治理效能的整体提升及优化路径探析[J]. 学习论坛,2019(08):85-89.

⑨ 袁方成,邓涛. 我国城市社区建设的新阶段、方向与重点[J]. 行政论坛,2016,23(05):86-91.

行状态,没有科学地解决他们之间的相互关系和治理责任。①② 陈建国认为要根据共同体治理的要求定位党组织的角色地位,按照去行政化的方向调整居委会和服务站的关系,通过组织间交叉任职实现党组织、居委会和业主组织的互动合作。③ 许宝君认为在共建共治共享背景下,未来社区治理应该走向一种治理主体互勾互连、治理方式深度融合、治理单元多种多样和治理秩序有条不紊的共同体治理结构。④ 闫冰借助协同治理的整合框架对城市社区治理"碎片化"进行剖析,发现文化、制度、能力三个层面的不足阻碍治理主体间伙伴关系的形成,并提出加强责任共担,创新治理理念,更新治理工具,以协同治理汇聚治理合力的对策。⑤ 伍玉振认为我国城市社区赋权增能应从增强居民自我发展潜力、提升社会组织承接能力、完善社区治理架构等方面来推进。⑥ 陈美楠从角色理论视角出发,以L市L小区为个案,发现存在原业委会不作为,业委会重选困难重重;物业公司态度、服务跟不上;小区居民怨气与日俱增等困境,提出小区治理必须加强各主体角色定位与识别,严格按照角色规范实施行为,增强对彼此角色的认同。⑦

---

① 李晓壮.城市社区治理体制改革创新研究——基于北京市中关村街道东升园社区的调查[J].城市发展研究,2015,22(01):94-101.
② 卢福营,熊兢.优势主导——多元共治模式下社区治理体制创新[J].河南社会科学,2017,25(09):13-19.
③ 陈建国.城市社区事务治理与合作型权力结构重塑[J].理论探索,2021(04):71-77.
④ 许宝君.我国城市社区治理结构转换路径及发展趋向[J].求实,2021(05):58-71,111.
⑤ 闫冰.城市社区治理的碎片化及其整合:协同治理的视角[J].郑州大学学报(哲学社会科学版),2021,54(05):27-32.
⑥ 伍玉振.赋权增能:新时代城市社区治理的新视角[J].中共天津市委党校学报,2021,23(05):87-95.
⑦ 陈美楠.角色理论视角下城市社区治理的困境及其根源研究——以L市L小区为例[J].上海大学学报(社会科学版),2022,39(03):114-127.

二、城市社区治理能力研究

首先,关于城市社区治理能力的概念界定。目前国外关于城市社区治理能力的直接文献较少,学者们大多对社区能力进行研究,从社区"个体或群体"赋权、社区"组织"能力和优化社区内部"结构"等方面提出社区能力的四要素、五要素、六要素、九要素、十要素等,试图构建起社区能力体系,其主要代表作者有诺曼·J.格利克曼(Norman J. Glickman)、丽莎·J.塞文(Lisa J. Servon)、罗伯特·J.查斯金(Robert J. Chaskin)、彭兵、袁小平、黄云凌、徐延辉等。[①②③④⑤⑥] 比如,格伦·拉夫拉克(Glenn Laverack)提出社区能力的九个维度:治理主体的参与度、政府的领导能力、问题分析能力、治理结构的合理性、公共资源的流动性、社区自组织及居民联系的紧密性、治理主体的质询能力、社区项目的管理能力、治理主体间的平等性。

国外的社区治理基本遵循了"小政府、大社会"的发展模式,学者们对社区治理能力的研究则偏向于提升社区内居民及居民自组织的参与兴趣、项目的运行组织能力和社会组织、政府与居民的沟通以及项目交付能力。马里恩·吉本(Marion Gibbon)认为应该通过构造资金资

---

① GLICKMAN N J, SERVON L J. More than bricks and sticks: Five components of community development corporation capacity [J]. Housing Policy Debate, 1998, 9 (3): 256-273.
② CHASKIN R J. Building Community Capacity [J]. Urban Affairs Review, 2001, 36 (3).
③ 彭兵. 通向城乡衔接的乡村社区能力建设——自加拿大新乡村建设运动生发 [J]. 社会科学辑刊, 2010 (04): 63-66.
④ 袁小平, 熊茜. 社会动员视角下的农村社区能力建设 [J]. 山东社会科学, 2011 (11): 26-30.
⑤ 黄云凌, 武艳华, 徐延辉. 社区能力及其测量——以深圳市为例 [J]. 城市问题, 2013 (03): 20-27.
⑥ 徐延辉, 兰林火. 社区能力、社区效能感与城市居民的幸福感——社区社会工作介入的可能路径研究 [J]. 吉林大学社会科学学报, 2014, 54 (06): 131-142, 175-176.

助机构（政府/社会组织）、服务对象（社区成员）、执行方（社区工作者）这三方面的能力建设框架，改善政府部门、非政府部门、社区工作者以及服务对象之间的关系，进而促进社区治理能力的提升。① 彼得·J. 巴林特（Peter J. Balint）和格伦·拉夫拉克（Glenn Laverack）认为提升公众及社会组织参与社区治理的兴趣和能力是提升社区治理能力的重要方式。②③

随着治理理论的盛行和"推进国家治理体系和治理能力现代化"改革总目标的提出，国内学者也开始关注社区治理能力。佘湘（2014）认为"社区治理作为国家治理的基础性工程决定着国家治理能力的现代化必然包含和要求社区治理能力的现代化"④。然而，在"强国家—弱社会"的历史惯性和结构性约束下，我国的城市社区行政色彩浓厚，社区工作往往表现为单一的、强势的政府行动，而社会行动相对滞后，不利于实现"政府行动"往"社会行动"的方向转型，也不利于二者的有机结合。⑤⑥⑦⑧

---

① GIBBON M, LABONTE R, LAVERACK G. Evaluating community capacity [J]. Health and social care in the community, 2002（06）：485-491.
② BALINT P J, MASHINYA J. The decline of model community—based conservation project: Governance, capacity, and devolution in Mahenye, Zimbabwe [J]. Geoforum, 2006（05）：805-815.
③ LAVERACK G. Evaluating community capacity: visual representation and interpretation [J]. Community development journal, 2006, 4（03）：266-276.
④ 佘湘. 城市社区治理中的集体行动困境及其解决——基于理性选择制度主义的视角 [J]. 湖南师范大学社会科学学报，2014，43（05）：32-38.
⑤ 陈伟东，孔娜娜，卢爱国. 政府行动与社会行动衔接：中国社区发展战略 [J]. 社会主义研究，2010（05）：56-60.
⑥ 孔娜娜. 行动者、关系与过程：基层社会治理的结构性转换 [D]. 武汉：华中师范大学，2012.
⑦ 徐志国，马蕾. 难以摆脱的行政化——城市社区自治改革的困境初探 [J]. 云南行政学院学报，2013，15（06）：69-73.
⑧ 张劲松，秦梦. 论社区自治组织行政化倾向的治理 [J]. 湖北社会科学，2004（11）：96-97.

国内学者也普遍认为社区治理能力应具有多元性、动态性和民主性的特征。黄云凌、武艳华、徐延辉认为社区治理能力是通过整合社区所拥有的资源来实现社区发展目标的行动力。① 冯仕政、朱展仪从"解放视角"提出社区治理能力是在社区建设中有效推动集体行动,整合社区资源,从而加速社区建设、提升居民生活质量的要素集合。② 陶元浩认为社区治理能力包括了社区各主体的要素、社区资源的合集、社区治理架构的优化等内容。③

此外,近年来国内学者逐渐发现,以"多元共治"为指导的社区治理格局容易使社区治理失去"共主",缺乏一个总揽全局、协调各方的主体引领社区治理,将使社区发展失去带动全域协同发展的稳定的动力机制。因此,一些学者认为充分发挥基层党组织的领导作用理应成为城市社区治理能力的首要内容。王燕玲、蒋小杰主张建立超越"多元共治",以"党建引领"为核心的"一核多元"的治理格局,通过"党建+"的工作机制动员并组织城市社区中多元治理主体积极投入,从而促进城市社区治理能力的提升。④ 谭牧认为弄清城市社区治理能力的内涵首先需厘清社区党建、基层政府深化改革和社会治理三个政策领域的关系。⑤ 赵致远认为党建引领是城市社区治理能力提升的必然选择,要把握凸显社区党建工作的引领性地位,从横向和纵向健全社区党组织体系,发挥社区党组织的政治功能和社会服务功能。⑥

---

① 黄云凌,武艳华,徐延辉.社区能力及其测量——以深圳市为例[J].城市问题,2013(03):20-27.
② 冯仕政,朱展仪.集体行动、资源动员与社区建设——对社区建设研究中"解放视角"的反思[J].新视野,2017(05):47-54.
③ 陶元浩.国家治理中的社区定位及衰落[J].求实,2016(05):62-70.
④ 王燕玲,蒋小杰.城市社区:从"多元共治"到"一核多元"[J].中国治理评论,2020(01):127-140.
⑤ 谭牧.新时代提升城市社区治理能力研究[J].科学社会主义,2021(02):97-101.
⑥ 赵致远.党建引领:城市社区治理能力现代化的必然选择[J].中共成都市委党校学报,2021(01):80-84.

其次，关于城市社区治理能力评价体系。目前，国内外关于治理能力的评价大致可以分为基于主体、内容和目标这三类。

第一，基于主体的治理能力评价。社区治理主体是指包括居民、政府、企业与社会组织等在内的与社区有利益关系的个人与组织。① 目前，从多元主体的角度来评价城市社区治理能力的文献不多，更多的研究侧重于将基层政府及居委会看作社区治理的核心力量，探讨这些社区组织在社区治理工作中的职能与绩效，这种方法虽然具有数据来源方便、指标量化简单、可操作性强等优点，但容易忽略其他利益相关者对社区治理的影响，② 仅通过单一主体对社区治理能力进行评价具有明显的片面性与不足。因此，近年来学者开始通过划分主体的方式进行社区治理能力的分类评价。覃道明提出了政府、市场和社会这三个主体的评价体系；③ 陈诚、卓越将治理主体分为社区居委会、社区组织和社区居民，并分别对其进行社区治理能力评估。④ 虽然学者们对治理主体分类的标准不同，但通过多元主体的视角来设计指标评价体系，可以更加全面、客观地反映不同主体的社区治理能力及其相互之间的互动、协调与合作的过程。

第二，基于内容的治理能力评价。从内容角度来评估社区治理能力是学术界的常用方法之一。早在2012年中央编译局与清华大学就联合发布了"中国社会治理评价指标体系"标准，包括1个一级指标即"中国社会治理指数"，6个二级指标涉及了人类发展、社会公平、公共服务、社会保障、公共安全与社会参与，以及35项三级指标。而人民

---

① 陈伟东，李雪萍. 社区治理主体：利益相关者 [J]. 当代世界与社会主义，2004 (02)：71-73.
② 邵兴全，胡业勋. 企业参与社区治理的角色重构与制度安排研究——基于多元合作治理的分析框架 [J]. 理论与改革，2018 (03)：157-168.
③ 覃道明. 乡镇政府改革与乡村治理能力重塑 [J]. 社会主义研究，2008 (05)：81-85.
④ 陈诚，卓越. 基于结构与过程的社区治理能力评估框架构建 [J]. 华侨大学学报（哲学社会科学版），2016 (01)：70-79.

论坛测评中心发布的国家治理评价指标体系借鉴了这一方法，一级指标是社会治理能力，二级指标包括了基本保障、宏观调控、财政和基层自治能力。一些学者据此也对社区治理进行了分析，比如李文静基于社区多元治理机制，将治理内容分为帮扶弱势群体、提升居民福祉与满足居民生活需求三类，并对所涉及的指标和内容进行了详细解释，但作者未将评价体系指标化。① 同时，有学者按城市治理内容，如经济、政治、社会、文化、生态和党的建设等，建立起评价指标体系，并从经济价值、社会价值与人本价值等角度进行量化，将指标细化到社区以此评价社区服务的内容和质量。②③

第三，基于目标的治理能力评价。治理目标是通过治理所期望实现的效果。以目标为导向构建治理评价体系，有助于分析社区治理的现状和问题，探寻治理问题的源头，以期实现不同阶段的任务目标。肯尼斯·J.罗斯曼（Kenneth J. Rothman）将社区工作目标归纳为"事工目标"与"过程目标"两大类。④ 日本一些学者依据不同的目标导向，将地方治理能力的评价模式分为推动型、改善型和业务缩减型三类，分别对不同阶段治理目标的完成情况进行绩效考评。总之，基于目标的治理能力评价设计，侧重于考核阶段性的成果，主要适用于对目标完成进度和质量的考量。

最后，关于社区治理能力的提升路径。部分学者从政社关系调整的

---

① 李文静. 社会工作在社区治理创新中的作用研究 [J]. 华东理工大学学报（社会科学版），2014，29（04）：21-27.
② 孙建华. 推进社会治理能力现代化——大庆市社区服务绩效评估指标体系构建[J]. 大庆社会科学，2014（01）：96-98.
③ 杨琛，王宾，李群. 国家治理体系和治理能力现代化的指标体系构建 [J]. 长白学刊，2016（02）：94-99.
④ ROTHMAN K J. Synergy and Antagonism in Cause-Effect Relationships [J]. American Journal of Epidemiology，1974，99（6）.

层面提出政府应对自身的角色进行反思、重塑及合理定位,[①] 通过赋权增能的方式减缓政社之间的紧张关系,形成可持续的社区治理能力。[②] 也有部分学者从社区服务优化的角度提出塑造市场、社会与政府的"三重逻辑",以智慧化建设作为优化社区公共服务的手段,提高社区治理能力。[③][④] 此外还有学者从多元主体参与的视角指出国家作为组织制度的宏观抽象体系,相比快速而深刻变革的社会而言具有一定的滞后性,[⑤] 因此城市社区治理需要具有治理能力的社区组织和富有公共参与热情的社区居民的合作参与,[⑥] 从而实现社区治理能力现代化。虽然学者们从政社关系调整、社区服务优化以及多元主体参与三个方面分别提出提升路径,但社区治理能力是一个复杂的、动态的、多维的概念,因此实现社区治理能力现代化的目标还需要探索更多模式。少数研究者还提出通过完善制度设计、累积与运作社区资本、重构社区治理结构、建设居民参与机制以及再造社区组织来提升城市社区治理能力。[⑦][⑧][⑨]

上述这些成果对城市社区治理能力的研究颇具启示和借鉴。但社区

[①] 黄晴,刘华兴. 治理术视阈下的社区治理与政府角色重构:英国社区治理经验与启示[J]. 中国行政管理,2018(02):123-129.

[②] 陈伟东,马涛. 居委会角色与功能再造:社区治理能力的生成路径与价值取向研究[J]. 吉首大学学报(社会科学版),2017,38(03):78-84.

[③] 叶林,宋星洲,邵梓捷. 协同治理视角下的"互联网+"城市社区治理创新——以G省D区为例[J]. 中国行政管理,2018(01):18-23.

[④] 杨雅厦. 智慧社区建设对公共服务供给模式的变革及其优化研究[J]. 中国行政管理,2018(11):151-153.

[⑤] 张平,吴子靖,赵萌. 中国城市社区治理研究的发展态势与评价——基于(1998—2017年)2049篇CSSCI的文献计量分析[J]. 治理研究,2019,35(01):21-30.

[⑥] 尹浩. 城市社区微治理的多维赋权机制研究[J]. 社会主义研究,2016(05):100-106.

[⑦] 蒋俊明. 利益协调视域下城市社区治理结构的改进[J]. 城市问题,2014(03):80-84,101.

[⑧] 严志兰,邓伟志. 中国城市社区治理面临的挑战与路径创新探析[J]. 上海行政学院学报,2014,15(04):40-48.

[⑨] 李晓壮. 城市社区治理体制改革创新研究——基于北京市中关村街道东升园社区的调查[J]. 城市发展研究,2015,22(01):94-101.

治理能力具有特定的内涵和属性,当前学者们对城市社区治理能力的构成维度、指标体系和影响因素等,还研究得很不够。

三、城市社区治理现代化研究

第一,关于城市社区治理现代化的内涵。学者们首先基于要素与工具视角对城市社区治理现代化的内涵进行了界定。基于要素视角,城市社区治理现代化涵盖了社区治理体系现代化与社区治理能力现代化两个要素,其中社区治理体系现代化是关于社区治理的制度性要素,旨在破解当前社区治理碎片化困境,[1][2] 主张以信息技术为支撑、以法律制度为框架,联结多元主体、清晰责任边界、制定行动规则以构建一核多元、协同联动的社区治理体系。[3][4] 社区治理能力是驾驭社区治理体系的主体性要素,治理能力现代化强调激发多元主体参与意识,赋予多元主体参与社区治理的权利,培育多元主体采取集体行动的能力。[5] 社区治理体系是社区治理能力形成的先决条件,社区治理能力是社区治理体系运作的内在制约,二者彼此支撑,互为表里。[6] 基于工具视角,社区治理现代化既包括利用各种现代化信息技术,延伸治理网络、畅通治理信息、提升治理效率,也包括采用网格化管理、区域化党建、政府购买等手段,对接社区资源与居民需求,联结社区治理主体,推进社区治理

---

[1] 颜金,王颖. 新时代城乡社区治理体系建设研究 [J]. 广西社会科学,2020(01):61-66.
[2] 杨君,徐永祥,徐选国. 社区治理共同体的建设何以可能?——迈向经验解释的城市社区治理模式 [J]. 福建论坛(人文社会科学版),2014(10):176-182.
[3] 吴晓林. 新时代社区治理的探索和启示 [J]. 秘书工作,2020(07):71-74.
[4] 高峰. 以政策创制推动体系建构和能力建设——苏州社区治理创新十年探索 [J]. 社会建设,2020,7(02):78-84.
[5] 袁方成,王泽. 中国城市社区治理现代化之路——一项历时性的多维度考察 [J]. 探索,2019(01):117-126.
[6] 李晓壮. 社区治理现代化的中国逻辑及实现路径研究 [J]. 北京工业大学学报(社会科学版),2020,20(01):63-70.

的智慧化、自主化，最终实现社区的自我管理、自我服务与自我发展。①②

第二，关于城市社区治理现代化的实践。学者们大多基于某一理论视角对城市社区治理现代化实践进行问题式剖析，继而对"如何实现社区治理现代化"进行回答。从理论视角来看，学者们较多使用协同治理、元治理等以多元主体间关系为重点，③④⑤或是技术治理、精细化管理、网格化管理等以治理技术为重点的理论。⑥⑦⑧从问题剖析来看，学者们普遍认为居委会行政内卷化、社区治理的制度化不足、社区治理资源保障不足、社会组织力量薄弱、居民参与意识不强等问题制约了社区治理现代化进程。⑨⑩⑪从对策建议来看，学者们从社区居委会的减负增能、社区组织的孵化引导、社会组织的专业引进以及居民的主

---

① 陈友华，夏梦凡. 社区治理现代化：概念、问题与路径选择 [J]. 学习与探索，2020（06）：36-44.
② 蓝煜昕，张雪. 社区韧性及其实现路径：基于治理体系现代化的视角 [J]. 行政管理改革，2020（07）：73-82.
③ 徐沐熙. 党建创新引领社区治理现代化 [J]. 中国党政干部论坛，2020（05）：70-72.
④ 张雪霖. 通才型治理：城市社区治理现代化新方向 [J]. 求索，2020（02）：104-111.
⑤ 黄建. 城市社区治理现代化路径探析——基于统合自主性的理论视角 [J]. 社会科学战线，2019（12）：260-265.
⑥ 黎熙元. 社区技术治理的神话：政府项目管理与社工服务的困境 [J]. 兰州大学学报（社会科学版），2018，46（03）：33-39.
⑦ 王阳. 从"精细化管理"到"精准化治理"——以上海市社会治理改革方案为例 [J]. 新视野，2016（01）：54-60.
⑧ 袁方成，王泽. 政社合作与基层治理现代化的提升路径——以温州市五马街道"大网格"实验为参照 [J]. 江汉论坛，2017（10）：54-59.
⑨ 陈燕，郭彩琴. 中国城市社区治理：困境、成因及对策 [J]. 苏州大学学报（哲学社会科学版），2016，37（06）：36-41.
⑩ 夏晓丽，蔡伟红. 城市社区治理中公民参与能力建设的调查与思考——基于L市社区的问卷调查 [J]. 中南大学学报（社会科学版），2017，23（01）：124-129.
⑪ 樊佩佩. 城市基层治理现代化背景下的社区分化及治理绩效研究 [J]. 现代经济探讨，2020（06）：115-120.

体性培育等方面进行了深入分析;① 此外，部分学者强调要把握社区治理现代化实现形式的多样性和特殊性，② 社区治理不存在最佳类型，每种实践形式皆有其合理性与必然性。

四、城市民族社区相关研究

城市民族社区是由两个及以上民族构成居民主体的基层社会生活共同体，同时具备社会性和民族性特征，近年来逐渐成为学界的研究热点与重点。国外对于民族社区的研究最早存在于民族人类学、社会学领域，主要研究内容是初民社会的原始部落。20世纪30年代以后，欧美国家对城市民族社区的研究逐渐增多，主要探讨的是城市中本土少数民族以及外来民族移民聚集地的生存状况、存在问题、未来发展方向等内容。20世纪70年代以后，西方学者对城市民族社区的社区参与、社区结构、社区服务、少数民族人群教育与就业等问题展开了诸多研究，如克里斯蒂娜·B.钦（Christina B. Chin）分析了青年篮球联盟在第三代和第四代日裔美国青年中塑造族群社区的作用，发现就算是在高度"同化"的日裔美国人当中，青少年篮球联盟也依然是构建与维护民族社区的重要场域。③ 凯瑟琳·M.伍（Catherine M. Vu）等发现了少数民族非营利组织在城市民族社区的社会结构中的重要性;④ 克洛伊·弗拉格（Chloe Flagg）等通过多层次建模技术，以艾奥瓦州社区为例，研

---

① 陈友华，夏梦凡. 社区治理现代化：概念、问题与路径选择［J］. 学习与探索，2020（06）：36-44.
② 张艳国，刘小钧. 城市社区治理能力现代化研究——以江西南昌为例［J］. 江西社会科学，2017，37（01）：221-228.
③ CHIN C B. "We've got team spirit!": ethnic community building and Japanese American youth basketball leagues［J］. Ethnic and Racial Studies, 2016, 39 (6): 1070-1088.
④ VU C M, NGUYEN D, TANH D B, et al. Case Study of an Ethnic Community-Based Organization in the United States［J］. Nonprofit and Voluntary Sector Quarterly, 2017, 46 (1): 367-382.

究白人的种族多样性对社区生活的影响，以及社区异质性与社区依附之间的关系；① 大卫·T. 拉迪尔（David T. Lardier Jr）运用结构方程模型，对非裔和西班牙裔美国青年进行调查，得出社区参与和邻里关系对心理赋权和民族认同都有正向的直接影响的结论。② 德尔·博诺·安德里亚（Del Bono Andrea）以悉尼唐人街为例，研究了城市品牌化时代的民族社区发展。③

国内学者的研究主要围绕城市民族社区法治化和城市民族社区治理模式展开。

关于城市民族社区法治化。习近平总书记在党的十九大报告中明确指出要"提高社会治理法治化水平"，城市民族社区作为各民族居民共同居住和生活的场所，其法治化水平的提升可以增强各民族群众的法治意识，维护各民族群众的合法权益，也有利于社区矛盾的有效解决，实现城市民族社区和谐稳定。胡业勋对比分析了四川藏区与彝区的"稳定导向型"与"发展导向型"两种模式，认为城市民族社区法治化建设具有自上而下推动、社区居民参与不足、内生治理秩序服从于治理结构导向的特点。④ 袁年兴、袁瑞萍指出宗教信仰的社会性对少数民族群众的"法治化意识"与"法治化行为"存在正向影响。⑤ 薛荐戈认为当前我国城市民族社区法治化虽然有了一定的进步，但仍存在着诸如法

---

① FLAGG C, MATTHEW A. Painter II. White Ethnic Diversity in Small Town Iowa: A Multilevel Analysis of Community Attachment [J]. Rural Sociology, 2019, 84 (2): 226-256.
② Lardier D T. An examination of ethnic identity as a mediator of the effects of community participation and neighborhood sense of community on psychological empowerment among urban youth of color. [J]. Journal of community psychology, 2018, 46 (5): 551-566.
③ ANDREA D B. Ethnic community in the time of urban branding [J]. Identities, 2019, 56 (3): 257-376.
④ 胡业勋. 民族地区社区治理的结构异质性及其法治化——以四川藏彝地区为例[J]. 行政管理改革, 2019 (07): 75-82.
⑤ 袁年兴, 袁瑞萍. 少数民族流动人口的宗教治理法治化研究——基于东南沿海城市社区的抽样调查数据 [J]. 贵州民族研究, 2020, 41 (05): 49-57.

治体系不完善、各族群众法治意识缺乏、公众参与激励不足和社区自治法治化不足等问题。① 针对城市民族社区在法治化进程的薄弱环节,杨桓、刘莹从居民法律认知、法治素养和社区法治环境这三个维度出发提出对策,通过构建精准法律普及机制、居民理性行为引导机制以及依法治理的社区氛围来提升城市民族社区治理法治化水平;② 朱碧波则提出依法调解涉民族因素社区矛盾和居民冲突的重要性,坚持"是什么问题按什么问题处理"的法治原则,推进民族事务及涉民族因素社会问题治理的法治化,更加注重采用一般性公共政策解决涉民族因素的矛盾与纠纷。③

关于城市民族社区治理模式。学者们将治理模式分为居民自治型、政府主导型以及政社合作型这三种类型。胡业勋认为城市民族社区的地理环境、政治环境、经济环境、人口环境以及民族环境差异性决定了不同治理模式的选择。④ 陶斯文和杨风指出当前一些城市民族社区治理过程中存在着短期内民族隔阂与偏见难消除、社区民族工作队伍薄弱、少数民族流动人口融入难、参与主体内部张力大等问题。⑤ 学者们还从多中心治理、协同治理、民族互嵌式治理等视角进行研究,提出了多维互

---

① 薛荐戈. 西部少数民族地区城市社区治理法治化研究 [J]. 贵州民族研究, 2015, 36 (03): 41-44.
② 杨桓, 刘莹. 民族互嵌式社区治理法治化实施困境与对策 [J]. 湖北民族学院学报(哲学社会科学版), 2019, 37 (01): 49-55.
③ 朱碧波. 论我国民族事务的认知定式与治理转向——兼论涉民族因素社会问题治理的法治化 [J]. 中南大学学报 (社会科学版), 2019, 25 (03): 126-132.
④ 胡业勋. 民族地区社区治理的结构异质性及其法治化——以四川藏彝地区为例 [J]. 行政管理改革, 2019 (07): 75-82.
⑤ 陶斯文, 杨风. 各民族相互嵌入式社区建设: 制约因素与发展路径——对成都市的调查与思考 [J]. 西南民族大学学报 (人文社会科学版), 2019, 40 (03): 21-26.

嵌、多元协同、共享共建的城市民族社区理想治理模式。①② 乌小花和康旭提出要将民族工作和社区社会工作有机结合，形成既具备社区特色，又具有普遍意义的"跨地域协作"与"专业化嵌入"社区治理模式，以有针对性、专业化的服务解决问题。③ 单菲菲认为应注重培育社区内治理主体，鼓励各族居民参与，搭建网络化治理结构。④ 艾少伟、周文凤、罗冰和田金超则提出要重视文化传统在城市民族社区的地方文化形成过程以及地方认同建构中的重要意义，要依托多元民族文化来培育社区共同体意识。⑤

五、城市民族社区治理能力研究

国外学者对城市民族社区治理能力的研究着重于提升民族社区的稳定和可持续发展，⑥ 尤其是种族偏见、种族歧视和种族隔离等问题，以及由此造成的少数族群就业、福利问题、少数民族儿童教育、青少年心理认同问题、健康问题等，其代表作者有马克·罗斯兰（Mark Roseland）、西顿（Seaton）、斯莫尔斯（Smalls）、巴特（Battu）、洛特（Lott）、拉尔迪耶（Lardier）、玛格丽特（Margaret）等。还有部分学者研究了少数民族非营利组织、青年移民团体等对民族社区治理的作用。

---

① 陈纪. 协作治理：城市多民族社区民族工作创新的探讨 [J]. 西南民族大学学报（人文社会科学版），2013, 34（12）：38-45.
② 胡洁. 多中心治理视阈下民族社区治理模式的优化 [J]. 青海社会科学，2017（05）：128-134.
③ 乌小花，康旭. 城市社区民族工作实践创新研究——以东部某省的社区民族工作为例 [J]. 西北民族研究，2019（04）：41-54.
④ 单菲菲. 城市多民族社区治理结构的演进特征与未来进路——L 社区的十年追踪研究（2008—2018 年）[J]. 西南民族大学学报（人文社会科学版），2019, 40（05）：187-195.
⑤ 艾少伟，等. 城市少数民族社区地方认同的消解与重构 [J]. 人文地理，2020, 35（01）：28-35, 122.
⑥ ROSELAND M. Sustainable community development: integrating environmental, economic, and social objectives [J]. Progress in Planning, 2000, 54 (2): 73-132.

    随着中国城市化加速发展，城市民族社区日益呈现出结构复杂、异质化程度高等特点，相比普通社区受到城市化的冲击更加强烈，发展容易出现"脆弱性"。为此，一些学者认为提高城市民族社区治理能力可以通过空间格局重构、推动公共治理、培育社区认同、加强文化建设、提升社会资本、借力宗教组织以及进行精细化管理等途径。①②③④⑤⑥⑦⑧

    自2014年中央民族工作会议指出"城市民族工作要把着力点放在社区，推动建立相互嵌入式的社会结构和社区环境"以来，构建民族互嵌式社区成为提升城市民族社区治理能力的重要路径。学者们对民族互嵌式社区的功能定位、构建维度和建设路径等进行了深入考察，以期为提升城市民族社区治理能力提供一个可行的抓手。从功能定位来看，民族互嵌式社区是各民族成员打破原有交往格局，通过共同参与社区公共事务以实现良性互动的场所，兼具精神属性和空间属性，具有培育公共精神、促进族际整合、优化社区资源的重要功能，是新时代城市民族

---

① 周大鸣. 社会建设视野中的城市社区治理和多民族参与 [J]. 思想战线, 2012, 38 (05): 11-17.

② 余梓东, 王平, 林钧昌, 等. 北京市世界城市建设与和谐民族关系构建论 [J]. 民族论坛, 2013 (04): 36-39.

③ 陈纪. 协作治理：城市多民族社区民族工作创新的探讨 [J]. 西南民族大学学报（人文社会科学版）, 2013, 34 (12): 38-45.

④ 单菲菲, 王学锋. 城市化背景下城市多民族社区认同研究——基于甘肃省合作市Z社区的调查 [J]. 中南民族大学学报（人文社会科学版）, 2014, 34 (05): 27-31.

⑤ 文化. 文化建设激发民族社区治理内生动力——基于西北民族社区治理的实践探讨 [J]. 西北民族研究, 2014 (04): 127-133.

⑥ 高鑫. 城市化进程中多民族社区治理研究——以天津市T社区为例 [J]. 青海民族研究, 2015, 26 (02): 69-72.

⑦ 史诗悦. 党建引领视角下城市互嵌式民族社区治理研究——基于义乌市鸡鸣山社区的考察 [J]. 民族学论丛, 2022 (01): 92-98.

⑧ 马伟华, 李修远. 内在逻辑与实践机制：公民身份视角下的互嵌式城市民族社区建设探析 [J]. 广西民族研究, 2022 (01): 12-19.

工作的重要依托。①② 从构建维度来看，民族互嵌集中体现在居住互嵌、经济互嵌、文化互嵌、组织互嵌和心理互嵌五个方面。③ 从建设路径来看，民族互嵌式社区建设必须正视族群流动化、民族多样化、文化多元化的挑战（黄海波，2016），④ 立足于民族互嵌式社区共性与特性，基于整体性视角，形成细化、深化、精准化的建设路径，⑤ 构建多层次多方面交织、动态开放的民族互嵌式社区治理体系（乌小花、乔国存，2018），⑥ 在经济层面建立共生互补关系，社会层面形成互惠互助规范，文化层面建立互通互鉴模式，为民族互嵌型社区运作提供有力支撑。⑦

此外，还有不少学者针对不同主体来探究城市民族社区治理能力的提升路径。一是，从政府的角度来探究城市民族社区存在的问题并提出相应建议。例如，单菲菲和王学峰提出政府要通过原地"空间增容"，开展社区文化建设活动以及建立健全城市民族社区的公共服务体系，来提高城市民族社区居民认同感。⑧ 二是，探究社会组织作为治理的主体，在提升城市民族社区治理能力中发挥的功能。例如，张志泽和高永

---

① 陈纪. 协作治理：城市多民族社区民族工作创新的探讨 [J]. 西南民族大学学报（人文社会科学版），2013，34（12）：38-45.
② 马晓玲，洪舒蔓. 治理视角下城市民族互嵌式社区公共服务研究——关于成都市浆洗街三个民族社区的调查报告 [J]. 中南民族大学学报（人文社会科学版），2018，38（04）：57-61.
③ 卢爱国，陈洪江. 空间视角下城市多民族社区互嵌式治理研究 [J]. 内蒙古社会科学（汉文版），2016，37（06）：146-151.
④ 黄海波. 城市多民族互嵌式社区建设需正视六个问题 [J]. 学术论坛，2016，39（12）：59-62.
⑤ 单菲菲，罗晶. 新时代城市民族互嵌式社区的建设与治理——基于西北地区四个社区的调查 [J]. 中南民族大学学报（人文社会科学版），2019，39（03）：13-17.
⑥ 乌小花，乔国存. "民族互嵌"视域下城市多民族社区治理模式探析——以浙江省宁波市ZL社区民族工作为例 [J]. 青海民族大学学报（社会科学版），2018，44（03）：74-80.
⑦ 葛燕林. 民族互嵌型社区的形成逻辑与运作机制——以E市X社区为例 [J]. 云南行政学院学报，2019，21（06）：55-59.
⑧ 单菲菲，王学锋. 城市化背景下城市多民族社区认同研究——基于甘肃省合作市Z社区的调查 [J]. 中南民族大学学报（人文社会科学版），2014，34（05）：27-31.

久认为传统民族社区中的社会组织通常是整个社区精神和民族文化凝聚力的主要承载力量,这类组织的原生态、内生性特质在一定程度上对民族社区治理有着积极意义,因此,在国家治理现代化进程中,只要引导、利用得当,传统社会组织就能在国家认同和民族认同进程中发挥纽带和桥梁的作用。① 三是,研究宗教对城市民族社区治理能力发展的重要影响。例如,王碧陶(2018)就曾专门研究藏传佛教与城市民族社区的互动关系,指出要坚持藏传佛教中国化,积极引导藏传佛教与社会主义社会相适应,引导宗教界人士以及各民族信教群众共同努力促进民族社区团结进步。② 四是,一些学者还发现公民参与对城市民族社区治理能力的重要作用。例如,王婷婷通过个案研究指出,公民参与是社区治理的核心,对民族地区基层民主建设以及和谐发展发挥着十分重要的作用。③

六、研究现状简要评述

综上所述,已有学术成果为研究和提升城市民族社区治理能力提供了重要的基础和有益的启发,但是当前城市民族社区治理能力研究仍然存在一些缺陷和不足。首先,目前研究大多集中于社区治理体制和社区能力的探讨,对社区治理能力尤其是城市民族社区治理能力的关注还不够,缺乏一套能对城市民族社区治理能力进行实地测评的具体的评价指标体系。其次,现有成果侧重于针对某一治理问题来探讨提升城市民族社区治理能力的对策建议,较少系统分析和提炼城市民族社区治理能力

---

① 张志泽,高永久. 传统民族社区治理现代化视阈下的社会组织发展 [J]. 贵州民族研究,2016,37(08):27-34.
② 王碧陶. 认同与参与:藏传佛教与云南民族团结进步示范区建设 [J]. 云南社会科学,2018(04):150-156.
③ 王婷婷. 论民族地区社区治理中的公民参与——以北京市密云县檀营满族蒙古族乡为例 [J]. 满族研究,2011(03):43-49.

的影响因素，这也使得围绕城市民族社区治理的政策主张容易呈现"碎片化"特征。最后，现有成果以规范性研究为主，实证性研究不多，已有的一些实证研究也主要是针对某一社区或者特定民族进行，并未对城市民族社区进行更大范围的全面调查和深入分析，缺少大样本的支撑。

为此，本研究试图对现有成果进行深化和补充，从如何提升城市民族社区治理能力这一核心问题出发，通过构建城市民族社区治理能力分析框架和指标体系，借助大范围的实证研究与比较分析，实地评估城市民族社区治理能力，凝练和探讨城市民族社区治理能力的影响因素，从而提出提升城市民族社区治理能力的可行路径和政策建议，以期推动城市社会治理现代化和城市民族工作发展。

第三节 研究内容和方法

一、研究内容

本研究主要由以下五方面的内容组成。

（一）城市民族社区治理能力的评估体系构建

对社区治理、社区能力以及社区发展等概念和理论进行阐述和比较，明晰城市民族社区治理能力的内涵，在此基础上，我们基于社区治理体制创新和城市民族社区治理的特殊性，依照投入（制度建设能力、资源整合能力）—过程（社区参与能力、社区自治能力、依法治理能力）—结果（社区包容能力、社区凝聚能力、社区服务能力、矛盾调解能力）的结构框架，构建系统全面的评估指标体系。与一般社区不同，城市民族社区治理能力评估必须特别关注民族类社会组织发挥作用情况、各民族居民参与社区治理状况、对非本民族居民和文化的接受与信任程度、对民族身份和公民身份的认同情况以及涉民族因素矛盾依法处理情况等。评估方法则选用熵权法对城市民族社区治理能力指标体系进行权重计算，使评估结果更接近实际，更具科学性。

(二) 城市民族社区治理能力的测度与比较

分别从东部少数民族散杂居地区和西部少数民族聚居地区选取若干有代表性的城市民族社区为样本进行调查实证，系统测评城市民族社区治理能力。在测评中，测算不同类型城市民族社区的治理能力指数，并对样本社区治理能力总指数和各分项指数进行系统的比较分析，发现治理中存在的问题与不足，同时对东部少数民族散杂居地区和西部少数民族聚居地区的城市民族社区治理能力进行评估对比。此外，还借助典型个案剖析，一方面对样本社区的治理模式进行比较分析，探讨民族社区发展因循的独特路径和留存的制度积淀对治理能力的影响，以印证计量分析结果和弥补计量分析可能存在的不足；另一方面归纳总结有效的治理经验，以期能够复制和推广到其他城市民族社区。

(三) 城市民族社区治理能力的典型案例剖析

根据城市民族社区治理能力的测评结果，选择整体治理能力较好或者单方面治理能力较为突出的社区作为典型案例进行详细概括和分析。在对所调研城市民族社区进行对比分析之后，选取东部少数民族散杂居地区的4个民族社区进行剖析，即宁波XY社区、南京TYJ社区、宁波XS社区和北京ADLB社区；选取西部少数民族聚居地区的2个民族社区进行探讨，即成都XMQ社区和西宁CY社区。根据访谈调研获得的资料数据，详细介绍案例社区突出的治理能力以及优秀的治理经验。

(四) 城市民族社区治理能力的影响因素分析

在测度和比较治理能力的基础上，从主体维度、结构维度和环境维度探究城市民族社区治理能力的影响因素，其中主体维度主要从认识和能力层面探讨影响多元主体参与社区治理的因素，结构维度主要探讨治理结构和协商机制对多元主体协商合作的影响，环境维度主要研究人口结构、居住格局、受教育程度、收入水平、宗教信仰等对社区治理绩效的影响。在此基础上揭示和诊断城市民族社区治理能力高低背后的驱动力量，探寻并明确不同因素与治理能力之间的内在联系和关联程度。

（五）城市民族社区治理能力的提升路径研究

针对不同类型城市民族社区面临的治理问题，我们以元治理理论为视角，探寻可行路径和政策建议，以切实提升城市民族社区治理能力，促进城市民族社区治理现代化转型。一是推动赋权增能，培育多元治理主体。一方面通过理顺多元治理主体的权责关系和完善各方权责落实的保障机制来实现赋权，另一方面，通过增强各族居民的参与能力与自治能力以及提升居委会和社会组织的专业能力实现增能。二是凝聚治理合力，构建社区治理共同体。由党组织和居委会统筹协调，培育多元治理主体的身份认同和利益认同，构建利益共同体和精神共同体。并在此基础上，综合利用正式制度和非正式制度完善社区治理的治理体系。进而借助社区治理网络整合分散的治理资源，推动多元治理主体间的信息共通和资源共享，构建城市民族社区治理共同体，凝聚社区治理合力。三是促进交流互鉴，坚持因地制宜。一方面构建社区交流平台，推动各类城市民族社区交流经验、互观互学；另一方面，因地制宜，结合地方实际探索社区治理的最优路径。

二、研究方法

（一）文献分析法

全面梳理和分析社区治理、社区能力、城市民族社区的相关学术成果，系统搜集城市民族社区治理的有关政策、文件等，为城市民族社区治理能力评估体系构建和影响因素分析提供研究基础。

（二）实证调查法

一方面，使用熵权法设计城市民族社区治理能力评估指标体系及其权重，并编制测量量表和设计调查问卷，对选定的典型城市民族社区的工作人员和各民族居民等进行问卷调查，并使用 SPSS 软件进行统计和计量分析；另一方面，设计访谈提纲，对城市民族社区内有代表性的组织机构和人员个体进行深度访谈和小组座谈，并采用定性研究技术对访谈材料进行挖掘、分析，以了解城市民族社区治理能力现状和问题。

（三）案例分析法

选取治理能力较好的城市民族社区作为典型案例，对其进行走访调研，形成调研材料之后，结合元治理理论和城市民族社区治理能力评估结果对案例社区进行系统分析，总结城市民族社区治理能力提升的先进做法和优良经验，以形成可推广、可复制的对策路径。

第四节　主要观点和创新之处

一、主要观点

本研究的主要观点如下：

（1）未来城市民族社区治理模式应走向"党建引领、政社合作、多元共治"，筑牢国家治理体系和治理能力现代化的微观基础。

（2）城市民族社区治理必须重视社区中的多民族主体及其在语言文化、宗教信仰、风俗习惯等方面的特殊性，推动各民族居民交往交流交融，才能真正提升治理能力。

（3）推动社区社会组织、民族类社会组织在内的各类组织积极参与社区治理，形成以法治为基础的多元主体共治格局，对于城市民族社区治理能力现代化的实现具有重要意义。

二、创新之处

首先，研究紧紧围绕社区治理能力，从多个维度构建了城市民族社区治理能力评估指标体系，并实地测算城市民族社区治理能力指数。

其次，研究在实证中专门关注和揭示了城市民族社区治理能力的不同影响因素，尤其是城市民族社区特殊性对治理能力的影响，在此基础上可以为提升城市民族社区治理能力提供有针对性和整体性的对策方案。

最后，研究对城市民族社区进行了大范围的调查，使研究结论具有大样本的支撑，避免当前以小样本个案分析为主的研究难以得出有代表性结论的情况。

第一章

城市民族社区和社区治理能力的理论阐释

第一节 城市民族社区的理论阐释

一、社区

(一) 西方语境中的社区

社区这一概念最早由德国社会学家斐迪南·滕尼斯在1887年提出,他认为社区是"由共同价值取向的同质人口组成的关系密切、守望相助、疾病相抚、富有同情味的社会团体"①,是以亲戚、邻里、朋友等血缘或地缘为纽带自然形成的人群组合,它的基础是"本质意志",即意向、习惯、回忆。西方学者大多将社区定义为位于同一地理区域内的人口、组织和市场,它们由于相近的位置、相似的文化、规范或身份而聚集在一起。也有一些西方学者跳出地理条件的限制,对社区进行了更广泛的定义,认为社区是行动者的集合,集合提供社会和文化资源,塑造成员的行动。成员资格可以由许多因素产生,包括地理接近、对共同

---

① 滕尼斯. 共同体与社会——纯粹社会学的基本概念 [M]. 张巍卓,译. 北京:商务印书馆,2019:22-31.

目标的兴趣或共同身份。成员之间相互认识、相互沟通及影响,在一定社会结构和范围内产生并表现其社会规范、社会利益、价值观念及社会体系,完成其特定功能。此外,也有一些学者强调地理边界上的社区,事实上还是一种"政治管辖区"。

国外的社区经历了长时间的发展,已形成了"自治型""行政型"和"混合型"三种模式,它们的差别在于政府和社区之间的权能配置关系不同。

"自治型"社区以欧美国家、澳大利亚等发达工业化国家的社区为典型代表,体现为政府行为与社区行为的相对分离,各个部门并不直接干预社区事务,而全权实行自主自治。这类社区通过民主形式选举社区居民组建社区自治组织,社区居民以志愿形式利用业余时间为社区服务。社区自治组织在社区发展规划和社区公共事务上享有决策权,比如,在聘用各类公司维护社区公共卫生和公共环境等社区主业化服务方面。此外,社区自治组织还能够就社区管理和发展的各个方面对公共部门进行建议和监督。同时,社区自治组织受相应法律法规的约束,大多数城市都制定了自己的宪章或相应的法规,对各种社区组织机构的组成及权限做出明确的规定。

"行政型"社区主要存在于一些发展中国家以及新兴工业化国家和地区,体现为政府行为与社区行为的紧密结合,政府部门中通常设立了专门的社区管理部门,并在社区设立各种派出机构,直接、具体地干预社区发展。如新加坡设有国家住宅发展局专门管理和指导社区工作,包括对住宅小区、邻里中心和社区中心以及基础公共设施的建设进行规划;面向社区领袖和居民顾问委员会、社区中心管理委员会及居民委员会等社区组织成员开展培训;为各类社区组织提供办公场所和设施;建立政府与社区的沟通渠道;组织开展社区活动,倡导特定的价值观;对社区发展提供财政支持等。同时,主要社区组织的领导成员并不是民选产生的,而是由所在选区的国会议员委任或推荐的,在一定程度上强化了执政党和政府对社区的影响和控制。

"混合型"社区中社区管理与建设以自治为主,政府主要负责为社区发展提供规划指导和经费支持,在部分地区也存在政府工作人员与社区成员、其他社团代表共同组成社区治理机构的情况,比较有代表性的是日本、俄罗斯和以色列的社区。日本在政府系统中,由自治省负责社区工作(政府机构改革后由总务省负责),地方政府也设立"社区建设委员会"和"自治活动课"等相应机构,在城市基层社区层面则设有类似我国街道办事处和居民委员会的"町会联合会"和"町会",这两个组织具有行政和自治的双重属性。在俄罗斯,社区的最高领导机构是社区群众大会或社区代表大会,享有政府所规定的权限,并且制定"社区法"以规范管理社区基本事务。市、区政府依法支持社区的建立和活动,社区采纳的一切建议须上报区政府,区政府对于社区委员会有监督检查的权力。以色列通过教育部和文化部对社区中心协会进行规划指导,社区中心协会作为全国性社区组织实行董事会负责制。其中,董事会成员经居民代表选举产生,主要由政府公众代表和地方代表以及其他机构代表等组成。

总体而言,国外的社区尤其是西方发达国家的城市社区具有比较突出的四个特点:第一,社区大多按自然环境或人文习惯自然形成,而不是人为划分的。第二,社区治理强调民主、自治,许多国家的政府并不直接参与社区治理,社区事务主要由居民自己拍板。第三,社区治理资源主要来自居民的自愿和互助精神,大多社区自治委员会的成员由居民以志愿者的形式担任。第四,社区是一个居民利益共同体,居民不仅在社区居住,而且有强烈的归属感,他们积极参与社区事务,行使自己享有的权利。

(二)我国语境中的社区

与西方国家自发形成的社区有所不同,我国社区的大小和范围是由城市政府综合考虑地理位置、人口规模等因素进行划定的。因此，社区不仅是各族居民在一定地域范围内相互作用所形成的生活共同体，还是城市管理的基础单位，需要完成城市政府安排的各项工作任务，如人口普查、社区治安、社区弱势群体帮扶等。社区作为社会的基本单元和基层治理的基础平台，是各种社会群体的聚集区、各种利益关系的交织域、各种社会组织的落脚点和各种社会资源的承载场。

新中国成立之后，我国的基层社会经历了从"单位制"到"街居制"，再到"社区制"的历史变迁，中国人也经历了从"单位人"到"社区人"的转变。原本由单位承担的住房、教育、文化、医疗、养老等服务职能逐渐向社区转移，个体对于单位的依附关系减弱，大规模的社会流动开始出现。社区在经历了"社区服务、社区建设、社区治理"等发展阶段后，已经成为社会治理的最前沿和最基本的细胞，具有政府行政和社会自治的双重属性。同时，居住在同一社区的人不再是具有地缘、血缘抑或业缘关系的熟人，更多是来自四面八方、五湖四海的陌生人，个体之间的利益、情感联系较弱，"原子化""碎片化"不断侵蚀着社区的共同体精神，制约着社区的管理与服务。随着城市社区数量不断增加、人口规模迅速扩大，民生外延逐步扩大、内涵日渐加深，人民群众对美好生活的向往日益强烈，原有的社区管理架构已经难以适应城市社区发展新需要。党的十八届三中全会把社会管理提升到社会治理，并把推进国家治理体系和治理能力现代化作为全面深化改革的总目标，社区治理被赋予新的时代内涵和历史价值，成为当代中国推进国家治理和社会治理现代化的重要节点和突破口之一。推动社区治理现代化不仅能够提升居民生活质量，增强居民满足感与获得感，而且对于维护社会稳定、化解社会风险也具有重要意义。

社区作为国家治理和社会治理的基本单元，是国家治理现代化的基础性组成部分，推动社区治理现代化转型是新时代党和国家实现社会治理现代化的重要举措。当前，社区治理现代化转型主要包括治理体系和治理能力两个层面，由一系列制度安排为内涵的社区治理体系现代化和由主体性能力为内涵的社区治理能力现代化共同构成。关于社区治理体系，党的十九届四中全会已经明确指出"完善党委领导、政府负责、民主协商、社会协同、公众参与、法治保障、科技支撑的社会治理体系，建设人人有责、人人尽责、人人享有的社会治理共同体"。关于社区治理能力，2017年中共中央和国务院出台的《关于加强和完善城乡社区治理的意见》指出，要加快社区居民参与能力、社区依法办事能力、社区服务供给能力、社区矛盾化解能力、社区文化引领能力以及社区信息化应用能力等"六大能力"建设，不断提升社区治理水平。然而，当前社区治理现代化转型过程却面临着社区治理"碎片化"和权力承接"真空化"两大困境，即居住空间的市场选择、利益结构的分层导致社区内部差异化、居民生活原子化，而社区自组织能力不足、居民参与积极性不高，导致有关社区治理现代化的一系列制度安排无法落地为实。因此，实现社区治理现代化转型，既要通过再组织化手段联结多元化的治理主体和原子化的居民个人，构建现代化社区治理体系；又要通过赋权增能推动社区自我管理和可持续发展，培育现代化社区治理能力。

（三）我国社区中的多元治理主体

现阶段，我国社区治理的主体主要包括社区党组织、居委会、社区居民、社会组织和市场组织等。

党建引领是新时代保障基层群众自治良性发展的客观需要，社区党组织作为社区建设的领导者、保障者和协调者，在社区治理中承担组织群众、宣传群众、凝聚群众、服务群众的职责，发挥着不可替代的引领作用。社区党组织通过组织动员、资源链接和服务链接的方式参与社区治理。首先，社区党组织通过"党组织—居委会""党组织—楼组代表党建体系"和"党组织—居民社团党建体系"实现对社区结构的全方位嵌入，在社区中构建了以党组织为核心的协调体系。其次，社区党组织通过区域化党建、党建联席会议等形式，联合社区周边企事业单位，推动资源共享，构建了以党组织为核心的资源链接体系。再次，社区党组织通过建设"服务型"党组织，切实履行服务群众的职责，不断提升党组织对社区的领导力、影响力和组织力，同时注重强化群众的政治意识和公民意识，培育群众参政议政能力，促进居民参与。最后，社区党组织通过协调参与社区治理多元主体间的利益关系和矛盾冲突，破除当前社区治理中各主体参与失序、权责失衡的困境，建立完善党领导下的社区重大事项民主协商决策制度，推动多元治理主体的平等协商。

居委会作为群众自治组织，不完全是居民的自发组织形式，还需要承担一定的政治功能，扮演"国家在基层社会的代理人"角色。换言之，居委会具有自治性和行政性双重属性：首先，从工作内容上看，居委会兼有自治性事务和行政性事务，其中自治性事务要求以社区居民为中心，与居民充分讨论、确定社区共同利益和实现利益的方法，参与社区事务的决策；行政性事务则要求居委会向城市政府负责，参与各类政策法规在社区的执行落实。其次，从功能来看，居委会作为自治组织，旨在将社区中分散的民间力量加以整合，而作为城市政府的基层载体，居委会需要充当国家与社会之间的"桥梁"，要将政府的政策法令贯彻到最基层，落实在居民的日常生活中。最后，居委会的行政属性使得它在部门设置和运作逻辑上都趋同于政府模式，其工作经费大多由政府部门下拨，居委会的工作人员也大多由政府部门通过公开招考、选拔产生，并不一定是本社区的居民。

值得注意的是，社区党组织作为社区治理的领导核心，通过组织嵌入、党建联盟等形式联结社区内外治理主体，居委会则是基层群众自治组织和"国家在基层社会的代言人"。当前，两者的人员和工作都存在交叉和重叠，处于高度融合的"党居一体化"状态，两者在结构上相互融合，集中表现为组织结构融合、办公场所一体化和工作一体化，社区党组织书记和居委会主任"一肩挑"已在大多数城市社区落地推行。

从关系上看，社区党组织处于领导地位，领导包括居委会在内的社区所有组织，居委会服从并且支持社区党组织的领导。从功能上看，社区党组织主要承载政治功能，居委会主要承载自治功能，兼具配合上级党政部门政务实施的功能。从工作上看，社区党组织与居委会工作既有重叠、协同的部分，也各有侧重，其中社区党组织侧重党的建设、党的路线及方针的贯彻落实以及党群关系巩固等党务工作；居委会则侧重于社区服务、公共事务、社区治安等工作。

社区居民作为城市社区的主人翁，既是社区服务享有者，也是需求表达者、活动策划者、公约制定者和服务提供者，是参与社区治理的重要主体和最直接的利益相关者。社区居民大多通过居民代表大会、居民议事会、志愿活动、文体活动等形式参与社区治理。然而，社区居民参与动力不足、参与能力不高等问题一直是社区治理所面临的重要难题，赋权增能则成为激发社区居民参与动力、提升社区居民参与能力的重要手段。事实上，社区居民的社区参与受到社会报酬、参与渠道、沟通技术、社区氛围等多种因素的影响，培育公民意识，搭建协商平台，提供民主训练场，营造"共建共治共享"的社区氛围等都是缓解社区居民参与不足难题的有效举措。

社会组织参与社区治理旨在缓解政府服务供给的单一性与居民需求的多样性、政府服务供给不足与居民需求旺盛之间的矛盾，为居民提供多样化、专业性的服务。当前，社会组织主要通过政府购买的形式在社区治理中提供矛盾调解、就业指导、为老育幼、文体艺术等服务，较好地弥补了政府、市场的不足。然而，目前我国社会组织发育仍不完善，在参与社区治理过程中往往存在着行政化、内卷化的趋势，成为政府的"另一条腿"，自主空间不足导致社会组织发育迟缓的同时，也大大降低了服务质量，政府购买的专业服务也容易成为居民不称心的礼物。

以物业公司为典型代表的市场组织，通过市场手段为社区提供高质量、多样性服务，进而获取自身参与社区建设和发展的合法性，通过物质支持、志愿活动等形式参与社区建设和发展。具体而言，物业公司以为业主提供高质服务与构建和谐社区为主要目标，这与社区治理目标一致，然而在现实中，物业公司因为物业费收缴难、自身逐利性等因素，在公共设施维护、私搭乱建现象管理、共同财产收入分配等公共事务中，常常会出现推诿、拖沓、懈怠的现象。此外，还存在由于物业公司与居委会、业委会等社区组织的关系过于僵化，而导致物业公司参与社区治理积极性不高的情况。

二、城市民族社区

（一）城市民族社区

社区是微观的"社会"，"民族社区"这一概念源于社会学、民族学的研究，最早可追溯至20世纪30年代费孝通先生的《花篮瑶社会组织》，但此后直到20世纪90年代末才陆续又出现了涉及"多民族社区""民族社区"的研究，并逐渐呈现多元化发展。目前，国内学术界对"多民族社区""民族社区"等概念并未达成统一理解和严格区分，大多数学者将它们作为同等意义的词语使用，将其定义为多民族群众聚居在一定地域范围内相互作用所形成的社会生活共同体。城市民族社区作为城市社会生活共同体，一般都有一定规模的少数民族人口集中居住，民族文化特色比较鲜明，兼具地域性、社会性和民族性。[1][2][3][4][5]

---

[1] 马戎. 论中国的民族社会学研究 [J]. 北京大学学报（哲学社会科学版），2001（05）：5-16.
[2] 李吉和. 现代城市民族社区功能探析——以武汉市回族社区为例 [J]. 中南民族大学学报（人文社会科学版），2006（01）：26-29.
[3] 蒋连华. 关于我国少数民族散居城市多民族社区建设的思考 [J]. 上海市社会主义学院学报，2007（05）：51-54.
[4] 岳天明，高永久. 民族社区文化冲突及其积极意义 [J]. 西北民族研究，2008（03）：52-60，37.
[5] 高永久，朱军. 试析民族社区的内涵 [J]. 北方民族大学学报（哲学社会科学版），2010（01）：5-11.

随着城市化的快速发展，社区中的民族成分和少数民族人口正日益增多，城市民族社区传统的区隔封闭被打破，呈现出多元化和异质性程度高的特点，这也使得城市民族社区较一般社区面临着更为复杂的治理难题，成为矛盾和冲突的高发地带，影响到国家和社会的安定团结。

当前，学者们将目光聚焦于"城市民族社区"，关注城市化进程中城市民族社区治理与建设，强调城市民族社区具有社会控制和社会服务双重职能，承担了大量政府派遣的行政管理事务，带有一定的行政色彩，既是各族居民在固定地域内相互交往交流交融形成的社会生活共同体，也是城市管理的基础单元和城市民族工作的基本着力点。本研究从社会生活和城市管理双重角度理解城市民族社区，将其理解为多民族居民聚居在一定辖区范围内的地域社会，同时也是城市管理的最小物理单位，内在体现为各族群众意识中的联合，外在体现为由制度促成的联合。

近年来，随着城镇化进程的加快、社会经济结构转型的加深，少数民族人口跨区域流动日渐普遍化和规模化，一些城市中少数民族流动人口数量已远远超过世居的少数民族户籍人口。少数民族人口的大规模流动使得中国许多城市的社区中都有不同民族的人口在居住，形成了各具特色的城市民族社区。首先，对于历史形成的城市民族社区（如许多城市的传统回族社区）和"单位制"形成的城市民族社区（常见于少数民族聚居城市的职工单位住宅区），社区的少数民族居民大都是城市户籍人口，已经较好地融入所在城市，更多是与外来非本民族居民存在文化习俗、宗教信仰的差异和碰撞；其次，对于少数民族流动人口聚居形成的城市民族社区，社区的少数民族居民由于社会环境、经济利益的差距，在经济融入、社会融入和城市认同上均存在一定困难，极易产生矛盾和冲突，从而使得城市民族关系变得复杂而敏感；再次，对于政府为推进城市化形成的转制民族社区，社区的少数民族居民从户籍上大多已是市民，但在生活方式、思维观念、生存方式和身份认同等方面的现代性转变仍面临不少问题，不仅要满足居民的民族宗教和风俗习惯需求，更要重构社区的认同与归属感。

随着各族人口跨区域流动日益广泛和频繁，各民族交往交流交融成为城市发展面临的新常态。在此背景下，城市民族社区成为各族居民生产、生活的主要场所，而构建互嵌式社区则成为城市民族工作的着力点和铸牢中华民族共同体意识的实践依托。事实上，推进建立互嵌式的社会结构和社区环境，创造各民族共居共学共事共乐的社会条件，增进各族群众交往交流交融，进而铸牢中华民族共同体意识，近年来一直是党和国家推动城市民族社区建设与发展的工作方针。2014年中央民族工作会议中，习近平总书记明确提出，"城市民族工作要把着力点放在社区，推动建立相互嵌入式的社会结构和社区环境""要加强各民族交往交流交融"①。2016年全国城市民族工作会议上俞正声同志的批示也指出，"以推动建立相互嵌入的社会结构和社区环境为抓手""让城市更好接纳少数民族群众、让少数民族群众更好融入城市，切实加强各民族交往交流交融"②。2019年9月，全国民族团结进步表彰大会上习近平总书记再次强调，"70年来特别是改革开放以来，各民族在社会生活中紧密联系的广度和深度前所未有""要顺应这种形势，出台有利于构建互嵌式社会结构的政策举措和体制机制"③。2019年10月，中共中央办公厅、国务院办公厅印发了《关于全面深入持久开展民族团结进步创建工作铸牢中华民族共同体意识的意见》同样要求，"以铸牢中华民族共同体意识为根本方向，以加强各民族交往交流交融为根本途径，全面深入持久开展民族团结进步创建工作""促进各民族交往交流交融，要

---

① 国家民族事务委员会. 中央民族工作会议精神学习辅导读本［M］. 北京：民族出版社，2015：5-134.

② 全国城市民族工作会议在京召开［EB/OL］. https://www.neac.gov.cn/seac/xwzx/201601/1002422.shtml，2016-01-06.

③ 习近平. 在全国民族团结进步表彰大会上的讲话［J］. 中国民族，2019（10）：21-24.

推进建立相互嵌入式的社会结构和社区环境，积极营造各民族共居共学共事共乐的社会条件，开展各族群众交流、培养、融洽感情的工作，形成密不可分的共同体"①。2020年2月，国家民委、全国总工会、共青团中央、全国妇联印发《关于进一步做好新形势下民族团结进步创建工作的指导意见》重点强调，"各级民委要围绕铸牢中华民族共同体意识，促进各民族交往交流交融，推动形成相互嵌入式的社会结构和社区环境，创造共居、共学、共事、共乐的社会条件，让各族群众在中华民族大家庭中手足相亲、守望相助"②。2021年8月，中央民族工作会议在北京召开，习近平总书记在会议上强调"以铸牢中华民族共同体意识为主线推动新时代党的民族工作高质量发展"，再次明确要"营造环境氛围，逐步实现各民族在空间、文化、经济、社会、心理等方面的全方位嵌入"，指出必须"促进各民族广泛交往交流交融，促进各民族在理想、信念、情感、文化上的团结统一，守望相助、手足情深"③。2022年1月，国家民委以铸牢中华民族共同体意识为主线，修订完善并印发的《全国民族团结进步示范市（地、州、盟）、县（市、区、旗）测评指标》中，将"构建互嵌式社会结构和社区环境"作为二级指标列入考核，同样强调"促进各民族在空间、文化、经济、社会、心理等方面的全方位嵌入""促进各民族广泛交往交流交融"④。

---

① 中办国办印发《关于全面深入持久开展民族团结进步创建工作铸牢中华民族共同体意识的意见》[EB/OL]. https://www.neac.gov.cn/seac/xxgk/201910/1138132.shtml，2019-10-24.
② 国家民委等四部门印发《关于进一步做好新形势下民族团结进步创建工作的指导意见》[EB/OL]. https://www.neac.gov.cn/seac/xwzx/202002/1139639.shtml，2020-2-28.
③ 本报评论员. 把铸牢中华民族共同体意识贯穿党的民族工作全过程各方面[N]. 人民日报，2021-08-31（001）.
④ 国家民委关于印发全国民族团结进步示范市（地、州、盟）、县（市、区、旗）测评指标的通知[EB/OL]. https://www.neac.gov.cn/seac/xxgk/202201/1156537.shtml，2022-1-25.

（二）城市民族社区的特殊性

近年来，在城市民族社区构建相互嵌入式的社区环境上，各地大多以居住生活、工作学习、文化娱乐等日常环节为切入点，为各族群众创造共居、共学、共事、共乐的社会条件，以最终实现各民族的交流交往交融。当然，需要注意的是，由于城市民族社区的多样民族成分、多元文化习俗、生活习惯差异以及不同宗教信仰，其自身必然具有一定的特殊性。

一是少数民族流动人口城市化进程相对缓慢，民族文化、宗教信仰等影响着少数民族流动人口的心理融入，生活习惯不同、语言不通等制约了少数民族流动人口的社会融入。这些问题难以在短时间内得到解决，抱团取暖的现象也时常出现，社区关系网络呈现出内卷化趋势，制约着各族居民间的交往交流交融。此外，居民民族身份的标签化也使得普通邻里摩擦容易上升为涉民族因素的矛盾，而这些矛盾冲突和利益分化反过来又会强化民族身份差异，扩大了居民间的隔阂。

二是城市民族社区中的多元文化影响着各族居民间的关系，文化的包容性能促进居民间相互接纳，而过度彰显文化的差异性则容易引发居民的疏离感。同时，少数民族群众中不少都具有宗教信仰，宗教作为信仰者的精神支柱和行动指南，信教群众会将宗教观念与自身世界观、人生观、价值观和文化观等相结合，在价值判断、道德厘定、行为实践上有意或无意地将宗教价值注入其中。例如，在饮食、衣着和生活作息上遵守宗教规范，在人际交往特别是择偶方面更愿意与相同信仰的人打交道，也更愿意选择附近有宗教活动场所的社区居住。而对宗教教义的认知偏差或机械遵循，也可能会制约其与他人的交往、发展。

三是人口流动的常态化和民族构成的差异化使得城市民族社区居民的异质性较为突出，除了一般社区存在的职业异质性、教育异质性、收入异质性、消费异质性等，城市民族社区的异质性还表现在地缘关系的异质以及民族构成的异质，这使得社区内部张力较大，给促进社区和谐、凝聚社区共识、培育社区认同带来了更大的挑战。

四是在城市民族社区中，居民参与具有一定的局限性以及参与内容呈现明显的层次性。从参与主体来看，各族居民骨干的纽带作用明显，呈现出"居委会—居民骨干—各族居民"的关系链条，导致各族居民参与社区公共事务与公共决策的热情较大程度上受制于居民骨干的力量，而要挖掘和培养一个居民骨干并非易事，存在一定的机遇性。此外，社区中居民人数占比较多的民族往往更乐于参与社区治理以表达自身利益诉求，而人数较少民族的居民则倾向于认为自己势单力薄，无法影响社区公共事务与公共决策，逐渐脱离社区生活。从参与内容来看，各族居民的公共参与受收入水平、居住时长以及社区治理环境的影响更为明显。户籍居民更关注物业管理、房屋产权、小区环境等问题，而流动人口则更关心子女入学、住房就医、自身就业等问题。此外，由于参与制度和程序限制，少数民族流动人口参与社区文化体育活动较多，参与选举、决策等政治性事务较少。

五是城市民族社区既是基层治理的微观场域，也是新时代城市民族工作的重要依托和载体。因此，城市民族社区治理能力现代化也具有基层治理和城市民族工作的双重目标导向，不仅要处理好社区的行政性事务和自治性事务，而且还要求将民族工作嵌入社区整体工作中协同推进、妥善处理，以增进共同性为宗旨，从公共服务同质、法治保障同权、社会和谐同创、精神家园同建四方面着力，以发挥社区治理能力的最大效能。其中，公共服务同质要求为各族居民提供统一、同等的公共服务，凡是社会公共服务能够解决的问题都通过社会公共服务解决，不给少数民族居民另定标准、另设程序。法治保障同权要求不偏不倚保障社区各族居民的合法权益，要做好社区法治宣传和法律援助工作，强化各族居民的法治意识，坚持"是什么问题就按什么问题解决"的原则，防止把一般纠纷简单归结为民族矛盾。社会和谐同创要求动员各族居民共同参与社区建设，培育各族居民的主人翁意识，保障其在社区治理中的参与权、知情权、表达权。精神家园同建要求深挖共同性，找准切入点，打造各族居民共建共有共享的社区记忆、精神理念和文化品牌，增强各族居民对社区的认同感、归属感。

第二节 社区治理能力的理论阐释

本研究主要基于治理能力、政府能力、社区能力、社区治理和社区评估、绩效评估等概念和理论的阐述与辨析，以明晰社区治理能力和社区治理能力评估等理论要义和要素组成。社区治理能力是社区中以党建为引领、以政府为主导，社会、市场、居民多元协同共同参与社区治理，维护社区公共利益的能力总和。社区治理能力评估则是以"投入—过程—结果"为导向，关注社区治理结构、治理过程以及各治理主体行为和能力的评价体系。

一、社区治理能力

（一）政府能力与治理能力

治理能力是以治理理论为价值导向，多元主体基于对话协商、合作共治，增进公共利益的能力总和。而政府能力是政府实现公共利益的方式和方法以及实际能够履行的程度，是政府制定和执行公共政策以实现公共目的的能力，具体体现为政府效能。在我国，政府是社会治理与基层治理的主导力量，是多元协作的重要主体，政府能力也是治理能力的重要组成部分。通过辨析政府能力与治理能力，能够为我们更好地理解治理能力带来帮助。

一方面，两者涵盖的主体不同。政府能力衡量的是"政府"这一主体，整合资源以达成公共目的的能力。但治理是多元主体在对话协商中相互影响、退让以达成合作共治，进而实现公共利益的过程，既包括政府也包含社会组织、市场组织和公民等非政府部门的参与。政府只是多元治理主体中的一员，治理能力所要考量的不仅是政府，而且包括社会、市场、公民等多方主体的能力以及多元主体之间协商共治的程度。而政府能力评估往往以政府为中心，以政策目标或责任目标为指引而展开。

另一方面，两者侧重的内容不同。权力和职能是政府能力的直接来源，大多数学者基于政府权能将政府能力外显为：资源汲取能力、社会规范能力、社会整合能力、创新能力、宏观调控能力、自我更新能力、国际竞争与合作能力等。治理能力以治理为规范导向，具有更为广泛的意涵，强调搭建治理网络，推动多元协作。治理能力的高低不仅受到多元主体自身能力高低的影响，还取决于多元主体基于对话协商所形成合力的强弱。换而言之，沟通平台和协作机制也是影响治理能力的关键因素。

（二）社区治理与社区治理能力

社区为社区治理能力划定了范围和明确的内容，在厘清"治理能力"这一概念的基础上，通过理解"社区治理"的内涵与要义，能够帮助我们进一步认识"社区治理能力"。

一方面，社区治理区别于传统的社区建设和社区管理，是以治理理论为指引，解决社区发展问题，增进社区公共利益的过程。社区治理不只是社区党组织或居委会等某一主体的行为，而且是各主体之间以公共利益为指引，以协作共治为遵循进行的持续性互动。我国的社区治理由社区党组织、居委会、业委会、居民、社会组织和市场组织等多方主体共同参与，是多元主体在持续互动中调和利益与冲突，采取联合行动以优化社区资源配置和实现社区公共利益的过程。

另一方面，社区作为基层合法组织、市民空间和日常生活共同体，是国家和社会的基本单元，社区治理也是社会治理和国家治理的基本内容。社区治理是国家治理的社区实践，在国家治理中发挥着基础工程作用，社区治理现代化推动着国家治理体系和治理能力现代化发展。同时，社区治理作为社会治理的微观层面和基层场域，也是推动社会治理创新的突破口。

因此，社区治理能力是多元主体以有效处理社区公共事务、促进社区公共利益为目标，以协商对话、多元共治为手段，最大限度发挥自身优势参与社区治理的能力总和。

(三) 社区能力与社区治理能力

社区能力自20世纪90年代起在西方国家逐渐得到重视，学者们从静态和动态两个视角来理解社区能力：基于静态视角，学者将社区能力视为一种资源集合，是社区可用于变革与发展的社会资本、人力资源和组织资本；基于动态视角，学者将社区能力看作社区面对问题和需求时所担负的共同责任和所采取的集体行动，是利益相关者围绕社区公共问题展开的一系列活动，包含了共同的责任和集体的能力两个要素，共同的责任就是一种关爱的情感，而集体的能力就是采取行动。国内外学者对社区能力进行了研究，从社区"个体或群体"赋权、社区"组织"能力、社区内部"结构"和社区资源等方面提出社区能力的四要素、五要素、六要素、九要素、十要素等，试图构建社区能力体系。例如，罗纳德·拉邦特（Ronald Labonte）和格伦·拉夫拉克（Glenn Laverack）提出社区能力包括"参与的能力、领导力、问题评估的能力、组织结构的能力、资源调动的能力、批判性自省的能力、组织和人员联系的能力、项目管理的能力、外部机构的角色"这九个要素。[1] 罗

---

[1] LABONTE R, LAVERACK G. Capacity Building in Health Promotion, Part I: For Whom and For What Purpose [J]. Critical Public Health, 2001, 11 (2): 111-127.

伯特·查斯金（Robert J. Chaskin）提出社区能力是解决集体问题和改善社区福祉的人力资本、组织资源和社会资本之间的互动，包含"社区基本特征、社区代理人层级、特定功能、策略和手段、影响因素、社区中其他发展性产出"这六个要素[①]。

国外对于社区能力的研究大多集中于社会学领域，强调参与、凝聚和领导力等因素，多采用问卷的方式进行评估，较少关注政府在社区建设与发展中的作用，与我国推动完善"党委领导、政府负责、民主协商、社会协同、公众参与、法治保障、科技支撑"的社会治理体系并不完全吻合。事实上，我们所讲的社区治理能力具有特定内涵和属性的概念，既强调激发多元主体参与社区治理的意识，赋予多元主体参与社区资源配置的权利，培育多元主体参与集体行动的能力，也主张国家在场的社区治理，强调发挥好社区党组织在社区治理中思想引领、利益协调和资源保障的作用。

因此，在我国社区治理能力主要体现为，在社区中以党建为引领、以政府为主导，以法治和科技为保障支撑，以协商对话、多元共治为主要手段，协同社会、市场、居民多元力量参与社区治理，进而增加社区公共利益、解决社区公共问题的能力总和。

二、社区治理能力评估

社区治理能力评估是一个中国化的概念，学界关于社区治理能力评估也展开了诸多有益的探讨。学者们以指标评价和绩效评价为主，基于主体、内容或是目标来构建社区治理能力的评估体系。首先，基于主体视角构建的评估体系应当将与社区有利益关系的个人与组织作为社区治

---

① CHASKIN R J. Building Community Capacity: A Definitional Framework and Case Studies from A Comprehensive Community Initiative [J]. Urban Affairs Review, 2001, 36 (3): 291-323.

理主体纳入评估体系，但是学者们对于主体划分暂未达成一致意见，部分学者建立了包括居民、政府、企业与社会组织的评估体系，部分学者将治理主体归纳为政府和居民两类，还有学者考虑到数据获取便捷性、指标量化简便性和可操作性等因素，仅将基层政府及居委会纳入指标体系，忽略了其他利益相关者对社区治理能力的影响。其次，基于内容视角构建的评估体系，呈现出明显的"绩效导向"或"结果导向"，大多以社会治理的评价指标为依据，从政治、经济、社会、文化等维度展开设立一些客观指标进行衡量，或者借鉴政府评价指标体系，从社会救助、社会保障、公共服务、商业服务等维度展开，通过测评居民的满意度进行衡量。最后，基于目标视角构建的评估体系，能够通过较好呈现现实与目标的差距，为社区治理能力提升点明方向，但对于目标的确立难以把握。事实上，社区治理能力提升的目标在于实现良好的社区治理，而社区治理的目标在于增进社区的总体福祉，这些目标具有模糊性，难以通过客观的数据或指标来界定。而且，不同的社区处于不同的外部环境当中，资源配置不等量，也难以用相同的标准对它们进行衡量。

概而言之，社区治理能力是整合社区内外资源，联合多元主体，通过协商共治，实现社区公共利益的能力，既体现在前期资源整合与投入中，也体现在协商对话、协作共治的过程中，最终呈现为社区的治理成效。因此，与"结果导向"的治理评估或是社区评估不同，社区治理能力应以"投入—过程—结果"为导向，关注社区治理结构、治理过程以及各治理主体的行为和能力。在我国，治理评估通常以治理体系为内容，对政治、经济、文化等各方面的制度安排和政策效果进行全方位考察，通过不同国家和组织之间的横向比较，实现经验共享和互通。社区评估则通常以政府部门为主导，借助第三方专家团队或专业机构力量，对社区进行全方位的绩效评估，涉及人口、环境、教育、文化、卫生等诸多内容，通常授予各社区"平安社区""和谐社区""生态社区"等荣誉称号。而社区治理能力评估除了关注制度安排、治理绩效之外，还强调"投入—过程"导向，关注治理主体、治理资源、治理环境和治理工具等。

第三节　城市民族社区治理的理论阐释

一、城市民族社区治理的相关理论

（一）社区治理

社区是社会治理的基础单元，"治理—善治"理论为社区治理提供了理论基础和价值导向，是社区从建设到管理再到治理不断跃升的理念指引。治理主张多元主体在共同目标和规则下集体行动，善治是治理的目标，强调通过这种集体行动与互动能够实现资源的最优配置和公共利益的最大化。

"国家—社会"理论为社区治理模式的划分提供依据，大致将社区治理划分为"行政型治理模式""合作型治理模式""自治型治理模式"三种。而随着社区建设的深入发展，单一的治理模式已经不能解决多种类型社区的治理要求，在社区治理实践中逐渐形成了"上海模式""南京模式""青岛模式""武汉模式"等典型类型。

自从治理的概念被提出，一系列治理理论都为社区治理提供了理论指导。具体而言，以国家为中心的整体性治理理论、权威整合治理理论，强调社区治理中的政府在场和跨界整合。以社会为中心的公共治理理论或公民社会理论，强调充分发挥社会组织和居民的主体性和能动性，让社会组织和居民成为治理的中坚力量。以市场为中心的新公共管理理论，主张通过政府购买等形式，将市场力量引入社区治理，在为社区居民提供专业化服务以满足居民差异化、多样化需求的同时，发挥主观能动性，积极参与社区建设。以组织网络为中心的合作治理理论、多元治理理论等，则强调了按自上而下的层级结构建立纵向的权力线，并根据新兴的各种网络或任务建立横向的行动线，促进多元主体的良性互动和合作。

此外，社会资本、社会质量理论近年来也成为学者研究社区治理的重要视角。其中，社会资本强调社区成员实现互信合作、普遍共识、集体认同、集体归属和集体行动，以及自我组织、自我管理的良好社区治理状态。社区社会资本介于宏观社会与微观个人之间，属于中观层面具有集体特征的社会资本，同样表现为居民之间普遍的信任、互惠的规范和社区关系网络。社区社会资本既是社区治理的基础，也是社区发展的重要资源，可以通过地方性社团或组织、地方性社会网络、非正式社会互动、信任、互惠、志愿主义、社会支持、社区凝聚力和社区归属感等维度进行测量。①

社会质量则是一个关于人们日常生活质量的综合性概念与理论，强调经济和社会的平衡发展，包含社会经济保障、社会凝聚、社会包容和社会赋权四个方面，用以衡量社区居民的日常生活质量达到社会可以接受的水平的程度。其中，社会经济保障强调人们必须有机会获得那些有助于互动实现的资源，体现在居民的就业机会、工资收入和所享有的公共服务。社会包容要求社会制度和社会结构应该具有开放性，即人们必须在关键的社会和经济制度中免于社会排斥，在社区语境中体现为居民融入社区生活。社会凝聚强调社会应该具备集体认可的价值和规范以促进社区实体的形成，基于共同的价值观和行为规范而产生的集体认同，反映社会质量的社会关系本质。社会赋权是指人们必须有能力参与社

---

① 桂勇，黄荣贵．社区社会资本测量：一项基于经验数据的研究[J]．社会学研究，2008（03）：122-142，244-245．

互动，体现为居民参与社区生活和公共事务的能力、意愿与积极性。

（二）城市民族社区治理

在围绕城市民族社区治理展开的研究中，除了上述普遍运用于社区治理研究的多元治理、协同治理等治理理论外，民族互嵌式社区、互嵌式治理和整体性治理理论也是城市民族社区治理研究中运用较多的理论视角。

一方面，自2014年中央民族工作会议指出"城市民族工作要把着力点放在社区，推动建立相互嵌入式的社会结构和社区环境"以来，民族互嵌式社区为城市民族社区建设指明了方向。从功能定位来看，民族互嵌式社区是各民族成员打破原有交往格局，通过共同参与社区公共事务以实现良性互动的场所，兼具精神属性和空间属性，具有培育公共精神、促进族际整合、优化社区资源的重要功能，是新时代城市民族工作的重要依托。从构建维度来看，民族互嵌集中体现在居住互嵌、经济互嵌、文化互嵌、组织互嵌和心理互嵌五个方面。从建设路径来看，民族互嵌式社区建设必须正视族群流动化、民族多样化、文化多元化的挑战，立足于民族互嵌式社区共性与特性，基于整体性视角，形成细化、深化、精准化的建设路径，构建多层次多方面交织、动态开放的民族互嵌式社区治理体系，在经济层面建立共生互补关系，社会层面形成互惠互助规范，文化层面建立互通互鉴模式，为民族互嵌型社区运作提供有力支撑。

建设民族互嵌式社区意在推动各民族居民在社区中相互联系、彼此影响，实现在居住空间、社区文化、社区行为、社区认同、心理情感等层面全方位互嵌，促成各族居民在社区中的共生共学共事共乐。具体而言，包括空间居住格局的多民族性、社区行为的互动性、社区文化和社区意识的共同性、心理情感的认同性，体现为各族居民在社区中的公共服务同质、法治保障同权、社会和谐同创和精神家园同建。同时，互嵌式治理也被运用于城市民族社区治理中，旨在通过一系列治理手段来推动各民族居民交往交流交融，实现全方位、多角度互嵌。具体来说，互嵌式治理强调通过调整居住格局推动居住空间互嵌；通过消除语言障碍，加强交往交流，培育社区认同来推动精神文化互嵌；通过完善社区活动，鼓励各族居民参与推动社区生活互嵌。

另一方面，整体性治理（Holistic Governance）作为信息时代下对新公共管理的修正，强调以公民需求为导向，借助信息技术这一治理手段推进治理层级、政府部门、治理功能、公私部门以及信息系统的有机协调与整合，以破解新公共管理的民营化和分权化带来的公共部门碎片化困境。20世纪90年代后信息技术的快速发展和广泛应用，使得新公共管理的一些弊端不断显现，其治理方式的碎片化、割裂化问题亟待解决。整体性治理以政府机构和多元主体的整体性运作为出发点，旨在以官僚制为基础，借助信息技术建立协调、整合、负责的治理机制，推进政府治理不断从分散走向集中、从部分走向整体、从破碎走向整合，为公民提供无缝隙且非分离的整体型服务。

整体性治理理论的提出改进了"管理主义"的价值倾向，强调以公众需要和公众服务为中心，为公众提供无缝隙公共服务，强化了民主价值和公共利益的重要性。同时，整体性的价值取向为有效克服碎片化管理困境提供指引，能够有效解决政府内部各部门各自为政、追求部门利益最大化的问题，又有效协调了政府、市场与社会之间的横向管理，有力促进了三大部门的通力合作、协调统筹。此外，整体性治理主张建立综合组织，为跨部门之间的联系与合作提供助力，为有效修正过度分权带来的弊端提供一套全新的治理方式与治理工具。

将整体性治理理论运用于城市民族社区治理则是为了缓解多元文化冲突，解决社区治理责任碎片化、社区治理政策碎片化、社区制度保障碎片化、社区治理信息孤岛化和社区居民原子化等困境。整体性治理以满足公民需求为主导，以信息技术为治理手段，以协调、整合和责任为治理策略，通过构建包容和谐的社区氛围、民主透明的社区决策机制、协同合作的社区治理力量和联动互动的社区信息网络，推动城市民族社区治理的良性发展。

二、元治理理论与我国城市民族社区治理

(一) 元治理理论

元治理 (Meta Governance) 是以鲍勃·杰索普 (Bob Jessop) 为代表的英国学者在对治理进行反思的基础上提出的一种治理范式，它的基本前提是治理也有可能失灵，人们可能因对"市场失灵"和"国家失灵"的恐惧而过度膜拜治理范式。[1] 一方面，学者们认为无论是以社会或市场为中心的治理还是以国家为中心的治理，甚至是网络治理，其前提都是建立在社会充分发育的基础之上，忽视了社会发育不完全，无法承接政府下放事务的情况。在弗朗西斯·福山 (Francis Fukuyama) 看来，抨击"大政府"，主张放权给市场和社会已然成为世界政治的主流，这种潮流忽视了在一些国家，政府软弱、无能或者无政府状态才是严重问题的祸根，对广大的第三世界国家而言，一个强有力的国家也许比自组织治理更重要。另一方面，多元主体在自愿平等的协商对话中达成共识与合作是实现良好治理的重要前提，然而在实际中，治理主体往往由于各自不同的立场和利益，难以就共同的治理目标达成一致，这是治理失败的主要根源。

在对治理理论的反思中，元治理理论强调"治理的治理"，旨在对市场、国家、民间社会等治理形式、力量或机制进行一种宏观安排，重新组合治理机制。[2][3] 元治理被认为是治理条件的组织准备，主张是科

---

[1] JESSOP B. The rise of governance and the risks of failure: the case of economic development [J]. International Social Science Journal, 1998, 50 (155): 29-45.
[2] 杰索普, 程浩. 治理与元治理：必要的反思性、必要的多样性和必要的反讽性 [J]. 国外理论动态, 2014 (05): 14-22.
[3] 孙珠峰, 胡近. "元治理"理论研究：内涵、工具与评价 [J]. 上海交通大学学报 (哲学社会科学版), 2016 (03): 45-50.

层治理、网络治理和市场治理三种方式的有机整合，以达到最好的结果。① 具体而言，元治理理论认为由于外部环境的复杂性、社会需求的多样性等原因，以国家、社会、市场或是网络为中心的治理模式都难以单独有效地应对社会问题，而相异的价值主张又使得不同模式难以简单、机械地混合使用，需要一种力量作为治理的"轴心"或"起点"，协调不同治理主体和治理模式，灵活应对复杂、动态的社会治理。②③

元治理中多主体治理的"长者"，承担着号召、沟通、黏合作用，能够通过提供行动规则、搭建协商平台、传递治理信息、整合治理资源等形式，对市场、国家、公民社会等治理形式、力量或机制进行一种宏观安排，重新组合治理机制。④ 值得注意的是，元治理主张的"长者"并不混同于最高决策权的绝对拥有者，而是一个制度设计者、远景规划者、多方协调者和资源整合者，换言之，"长者"并不等于一个至高无上、包揽一切决策权的"全能政府"，这与当前我国的国家治理有着一定的契合度。⑤

丁冬汉⑥、熊节春和陶学荣⑦等学者较早将元治理理论引入国内，探讨元治理理论对我国服务型政府建设以及公共事务管理中政府角色的

---

① 张骁虎. "元治理"理论的生成、拓展与评价［J］. 西南交通大学学报（社会科学版），2017（03）：81-87.
② 刘维杰. 鲍勃·杰索普元治理理论研究［D］. 武汉：华中科技大学，2019：33.
③ 张继亮. 元治理：为何以及如何将国家带回到治理中来［J］. 国外理论动态，2018（01）：91-99.
④ 郭丁. 鲍勃·杰索普的元治理理论探析［J］. 山东社会科学，2022（01）：83-89.
⑤ 唐任伍，马宁，刘洋. 中国政府机构改革：元问题、元动力与元治理［J］. 中国行政管理，2018（11）：21-27.
⑥ 丁冬汉. 从"元治理"理论视角构建服务型政府［J］. 海南大学学报（人文社会科学版），2010，28（05）：18-24.
⑦ 熊节春，陶学荣. 公共事务管理中政府"元治理"的内涵及其启示［J］. 江西社会科学，2011，31（08）：232-236.

启发。近 10 年国内学者对元治理的国外实践进行了多方位考察①②的同时，对元治理理论在我国国家治理与社会治理的适用性方面进行了深入探讨，并且在科技创新、应急管理、乡村振兴、环境保护、基层治理创新③④等领域开展了实证分析，该理论在检验、批评与争论中不断完善与发展，对于理解我国国家治理与社会治理过程具有重要启示。

具体而言，在科技创新领域，元治理理论为解决复杂性的治理难题提供了新思路，应当积极彰显"集中力量办大事"的独特制度优势，推进技术创新元治理的主体协同，强化政府"同辈中的长者"的作用⑤⑥，全方位塑造紧密互促、开放合作的创新生态。⑦ 在应急管理领域，借鉴元治理理论树立整合型应急理念，能够优化提升既有的应急管理模式，有力推进我国应急管理改革进程。同时应急管理部门应扮演好元治理者角色，通过柔性引领构建出互补型协作网络。⑧ 在乡村振兴领域，元治理能够实现垂直等级制结构与水平自组织网络的辩证平衡，突出政府控制和指导的必要性和合理性⑨，有效破解主体间协同性不强、

---

① 孙宏伟. 论元治理模式下英国地方公共服务供给的合作治理 [J]. 上海行政学院学报，2021，22 (05)：68-77.
② 李熠煜，刘迅. 元治理视域下多元主体参与的印度农村反贫困研究——基于 IAY 项目的执行分析 [J]. 湘潭大学学报（哲学社会科学版），2017 (04)：13-17.
③ 李学斌，黄晓星. 社区秩序形态的变迁与元治理秩序的形构——基于 Z 市两个住宅小区的案例研究 [J]. 学术论坛，2021，44 (03)：87-98.
④ 久毛措，佘文超. 元治理视角下拉萨市易地扶贫搬迁安置社区治理模式的思考[J]. 西藏民族大学学报（哲学社会科学版），2021，42 (03)：94-101.
⑤ 李丹. 技术创新元治理研究 [J]. 西南民族大学学报（人文社会科学版），2022，43 (07)：195-199.
⑥ 李瑞. 新形势下科技创新治理复杂性及"元治理"体系构建 [J]. 自然辩证法研究，2021，37 (05)：60-66.
⑦ 史永乐，严良. 完善科技创新元治理体系的路径——来自发达国家的经验与启示 [J]. 江汉论坛，2022 (05)：66-72.
⑧ 吴涵博. 政府机构和社会资源的整合：元治理视角下应急管理的优化路径 [J]. 中国社会科学院大学学报，2022，42 (03)：116-127，132.
⑨ 唐任伍，叶天希，孟娜. 乡村振兴战略实施中元治理的优势、作用、路径和支撑 [J]. 中国流通经济，2021，35 (09)：3-10.

市场和社会基础薄弱、不同治理模式间共振效应不明显等问题,为优化乡村公共文化治理、农村环境治理、公共服务供给提供了新启发。①②③在环境治理领域,元治理与"党委领导、政府负责、社会协同、公众参与"的环境治理逻辑相契合④,政府应充分发挥召集者、建制者、协调者、监督者的角色⑤,为破解行政权力过度依赖与长效机制缺位、多元治理乏力等弊端提供借鉴。⑥

(二)元治理理论与我国城市民族社区治理的契合性

在社区治理场景中,学者们也借助元治理理论对易地扶贫搬迁安置、过渡型社区、"村改居"社区等多种类型的社区治理展开深入探讨,系统论述了元治理与社区治理的契合性,认为当前社区治理中普遍存在着政府和行政力量过度介入、市场治理机制不完善、社区居民自治能力弱、社会组织对公共事务参与度低等问题⑦⑧,使社区治理效果大打折扣。因此,需要强调社区元治理者的重要作用,充分发挥好社区党

---

① 赵军义.元治理视角下的乡村公共文化治理:回顾与前瞻[J].图书馆,2022(02):1-10.
② 曲延春.农村环境治理中的政府责任再论析:元治理视域[J].中国人口·资源与环境,2021(02):71-79.
③ 张举国."一核多元":元治理视阈下农村养老服务供给侧结构性改革[J].求实,2016(11):80-88.
④ 黄清子,张立,李敏.元治理视域下大气污染防治的政策框架及工具优化[J].中国人口·资源与环境,2019(01):126-134.
⑤ 冯阳雪.元治理视角下农村环境治理的路径分析与反思[J].当代经济管理,2022(02):41-48.
⑥ 李媛媛,郑偲.元治理视阈下中央环保督察制度的省思与完善[J].治理研究,2022,38(01):50-65,126.
⑦ 刘鑫,王玮.元治理视域下的"村改居"社区治理[J].学术交流,2019(05):131-139.
⑧ 久毛措,余文超.元治理视角下拉萨市易地扶贫搬迁安置社区治理模式的思考[J].西藏民族大学学报(哲学社会科学版),2021(03):94-101.

组织、居委会在社区治理中的"治理校准"角色①②③，推动元治理理论的本土化，这都为本研究提供了诸多有益的借鉴。

概而言之，元治理理论与我国城市民族社区治理实际的契合性主要体现在以下三方面。

首先，治理理论强调社区治理力量的多元化，主张政府向社会组织、社区组织和居民放权，而当前我国社会发育不完善，不少城市民族社区中出现权力承接"真空化"困境，即社区自组织能力不足、社会组织发育不完善、居民参与积极性不高，无力承接政府下放的一系列事务与权力，社区治理仍需要强有力的组织者，不断向各社区治理主体赋能，让多元主体协同治理成为可能。

其次，在我国城市民族社区中难以实现多元主体自愿平等地通过协商对话达成共识与合作。一是在城市民族社区中，多元主体的利益分化更为明显，利益调和更为复杂，不仅是户籍居民与流动人口之间存在利益分化，而且各民族居民之间也存在着不同的利益偏好。二是在城市民族社区中，不同民族的居民参与社区治理的积极性不同，各族居民骨干的纽带作用和群体作用明显，居民参与呈现出"居委会—居民骨干—各族居民"的关系链条，而且往往居民人数占比较多的民族会更乐于参与社区治理以表达自身利益诉求，而人数较少的民族的居民则倾向于认为自己势单力薄，无法影响社区公共决策。在这种情况下，城市民族社区治理势必需要一个利益协调者和规则提供者，调解多元主体间的冲突和争议，规范社区治理中多元主体的行为，培育社区治理共同体。

---

① 刘祖云，李烨. 元治理视角下"过渡型社区"治理的结构与策略 [J]. 社会科学，2017（01）：11-20.
② 田先红，张庆贺. 再造秩序："元治理"视角下城市住宅小区的多元治理之道[J]. 社会科学，2020（10）：94-106.
③ 李学斌，黄晓星. 社区秩序形态的变迁与元治理秩序的形构——基于Z市两个住宅小区的案例研究 [J]. 学术论坛，2021，44（03）：87-98.

最后，社区党组织和居委会与元治理者的定位相符，能够扮演好元治理者这一角色。具体而言，元治理强调元治理者在治理中的首要地位，但不主张以直接命令或控制的方式干预治理，而倡导使用柔性、间接的手段。2021年7月，中共中央、国务院发布的《关于加强基层治理体系和治理能力现代化建设的意见》中同样指出要"坚持党对基层治理的全面领导""完善党全面领导基层治理制度"，社区党组织在社区治理中占据着核心领导地位。同时，社区党组织通过组织嵌入、资源链接、服务链接等柔性手段参与社区治理，凭借长期积累的权威与治理经验，在社区治理中扮演好利益调和者、规则制定者、信息联动者等角色，推动实现良好的社区治理。此外，元治理强调控制与自治的平衡，同样，社区党组织在领导社区内所有组织保障社区治理不偏离党的方针政策的基础上，社区党组织与居委会全力支持社区各类组织活动，推动社区自我管理、自我服务。

第二章

城市民族社区治理能力评估框架和指标设计

第一节 城市民族社区治理能力评估框架

一、社区治理能力评估的典型框架

社区治理能力是多元主体通过平等协商、协同共治，最大限度发挥自身优势参与社区治理，以有效处理社区公共事务、促进社区公共利益的能力总和。当前，社区治理能力表现为党建引领下，以法治和科技为保障支撑，以协商对话、多元共治为主要手段，政府、社会、市场、居民多元力量协同参与社区治理，维护社区公共利益，解决社区公共问题的能力总和。

开展社区治理能力评估是衡量城市社区治理水平，窥探社区治理困境，探究社区"治理失灵"深层次原因的重要方式。基于社区治理现代化的目标导向和我国城市社区治理实践，构建科学、客观、具体、可行的社区治理能力评估体系是摆脱定性分析盲区的重要途径。通过针对城市社区治理能力展开量化评估，能够更深入了解社区治理能力短板，精准施策，有效提升社区治理能力，切实推进社区治理现代化。

当前关于社区治理能力评估的指标体系主要基于主体、内容和目标三个视角构建。首先，基于主体视角构建的评估体系，学者们对于治理主体的划分暂未达成一致的标准。近年来，以基层党组织、居委会、居民、社区组织、市场组织为主体的社区治理体系在实践中逐步构建起来，以上主体作为影响社区治理实效的利益相关者都应被纳入社区治理能力评价体系中。其次，基于内容视角构建的评估体系，呈现出明显的"绩效导向"或"结果导向"，大多以社会治理的评价指标为依据，从政治、经济、社会、文化等维度展开，设立一些客观指标进行衡量，或者借鉴政府评价指标体系，从社会救助、社会保障、公共服务、商业服务等维度展开，通过测评居民的满意度进行衡量。最后，基于目标视角构建的评估体系，能够通过较好呈现现实与目标的差距，为社区治理能力提升点明方向，但关于目标的确立难以把握。事实上，社区治理能力提升的目标在于实现良好的社区治理，而社区治理的目标在于增进社区的总体福祉，这些目标具有模糊性，难以完全通过客观的数据或指标来界定。

在此基础上，陆军和丁凡琳基于政府、居民、第三方机构视角，遵循治理主体—治理内容—具体指标的逻辑框架，对政府、居民群体、第三方机构在社区治理过程中的责任与权力、参与程度和职能作用予以指标描述，构建社区治理能力多层指标评价体系，通过计算指标综合得分全面客观评价社区治理能力，得分越高表明其治理能力越强。[①] 该指标体系涉及的指标包括发展水平、管理绩效、居民满意度等，评价内容涉及城市社区治理、社区服务、生态绿化、基础设施、治安安全等环节。这一评价指标体系得到了较多学者的认同，但该研究仅从理论层面构建社区治理能力评价指标体系，未将该指标体系在实践中进行运用与修

---

① 陆军，丁凡琳. 多元主体的城市社区治理能力评价——方法、框架与指标体系[J]. 中共中央党校（国家行政学院）学报，2019，23（03）：89-97.

正，未根据社区治理实践对指标维度、数量、权重等进行调整。马建珍等以南京为蓝本，采用"结构与过程"方法，形成以社区治理结构、治理过程、治理技术、治理绩效为维度的社区治理能力现代化三级指标体系。① 陈诚等基于对 X 市 H 街道下属社区的实证调研，以协同治理为理论指导，从结构—过程视角构建社区治理能力评估框架也得到较多学者的认同，该评估框架具体包含主体能力、公平公正、领导能力、社会资本、治理绩效等维度。② 但该框架仅将社区治理主体划分为居委会、社区组织和居民三者，对基层党组织、驻区单位、物业等治理主体关注较少。

综合梳理社区治理能力评估指标体系，可以发现已有指标体系存在以下两点改进之处：一方面，在"结果导向"的逻辑下，大多指标体系仅仅以"结果"作为衡量治理能力高低的依据，忽略了社区治理中的其他环节。事实上，我国城市社区治理是在党建引领下，多元主体围绕社区公共利益展开的整合内外资源，依法参与社区公共事务治理，增进社区公共福利的过程，包括投入、过程和结果三大环节。另一方面，已有指标体系较少关注不同社区在经济发展程度、居民人口结构、居民生活习惯、当地文化环境等方面的差异，而不同社区往往面临着不同的内外部环境，在评价社区治理能力时需要将环境因素纳入考量。

二、基于"投入—过程—结果"的城市民族社区治理能力评估框架

当前，针对城市民族社区治理能力的研究还比较少，还未构建面向城市民族社区的社区治理能力评估指标体系。城市民族社区作为新时代

---

① 南京市委党校课题组. 社区治理能力现代化指标体系研究——基于南京的调查 [J]. 中共南京市委党校学报，2016（06）：80-87.
② 陈诚，卓越. 基于结构与过程的社区治理能力评估框架构建 [J]. 华侨大学学报（哲学社会科学版），2016（01）：70-79.

各民族群众交往交流交融的重要场所,是新时代城市民族工作的关键场域和铸牢中华民族共同体意识的微观基础。然而,由于当前城市民族社区内居民异质性较为突出、社区治理环境复杂、治理力量薄弱等原因制约着社区治理能力提升,社区治理面临着居民生活原子化、社区治理碎片化、社区公共性衰退等困境。针对城市民族社区治理能力开展评估,全面衡量当前我国城市民族社区治理能力的现状与短板,精准施策,成为切实提升民族社区治理能力、有效破除民族社区治理困境、加快推动民族社区治理现代化的重要途径。

因此,我们结合新时代城市民族社区建设实际,基于"投入—过程—结果"的社区治理实践逻辑,以元治理理论为研究视角,综合考虑社区类型、社区内外部环境等因素,搭建城市民族社区治理能力评估指标体系。在我国,城市民族社区治理是在党建引领下,社区党组织、居委会、市场组织、社会组织以及各族居民整合内外资源,通过对话协商、合作共治等手段,共同参与社区公共事务决策,维护社区公共利益的过程,包括投入、过程和结果三大环节。从实践过程来看,民族社区治理中投入环节包括整合社区内外资源以及制定社区行动规则,过程环节包括多元主体协同对各类公共事务依法开展自我管理与自我服务,结果环节体现为和谐有序、团结互助的社区氛围和高效高质、符合各族居民需求的社区服务。因此,如表2-1所示,本研究将城市民族社区治理能力具体划分为制度建设能力、资源整合能力、社区参与能力、社区自治能力、依法治理能力、社区包容能力、社区凝聚能力、社区服务能力以及矛盾调解能力。

表2-1 城市民族社区治理能力

维度	能力
投入	制度建设能力
	资源整合能力

续表

维度	能力
过程	社区参与能力
	社区自治能力
	依法治理能力
结果	社区包容能力
	社区凝聚能力
	社区服务能力
	矛盾调解能力

首先，在投入环节，社区治理能力包含制度建设能力和资源整合能力。其中，制度建设能力是基于社区公共利益，制定社区管理规章、公共议事规则和居民公约等各项制度，为社区内各治理主体提供行动准则的能力，是多元主体协商对话、协作共治的重要基础。资源整合能力是社区治理各主体为增进社区福祉，最大限度发挥自身优势整合内外资源的能力，既包括物质、人员、经费等有形资源，也包括政策、信息等无形资源。

其次，在过程环节，社区治理能力是多元主体协同对各类公共事务依法开展自我管理与自我服务的能力，包含社区参与能力、社区自治能力、依法治理能力。其中，社区参与能力是各族居民、社会组织参与社区事务的意愿和能力，着重体现为各族居民参与社区活动的积极性，公开表达的意愿，沟通协商、团结协作的本领。社区自治能力是各族居民采取集体行动以解决社区公共问题、处理社区公共事务的能力。依法治理能力是社区党组织、居委会、各族居民和社区社会组织等社区治理主体依法参与社区治理、调解利益纠纷、维护社区公共利益的能力。

最后，在结果环节，社区治理能力是为各族居民提供高效高质量社区服务和营造和谐有序、团结互助的社区氛围的能力，包括社区包容能力、社区凝聚能力、社区服务能力和矛盾调解能力。其中，社区包容能力是通过社区治理帮助各族群众实现社区融入、免于排斥的能力，体现为各族居民的机会平等和互相接纳。社区凝聚能力是通过社区治理培育各族居民社区认同与社区共同体意识，推动相互信任、有机团结的能力。社区服务能力是指在党建引领下，居委会、社会组织、市场组织以及居民自身为社区提供多样化服务的能力，既包括基本公共服务，也包括弱势群体帮扶、关爱老年人等社区服务。矛盾调解能力是多元主体妥善调和利益分歧、处理邻里矛盾的能力，集中体现为依法、合理调解涉民族因素的矛盾纠纷的能力。

第二节 城市民族社区治理能力指标设计

一、指标设计原则

城市民族社区治理能力的指标设计，既要遵循指标设计的普遍性原则，还要考虑到城市民族社区治理的特殊性，具体体现为以下五点。

（一）全面系统原则

一方面，指标设置需要全面，能够全方位涵盖城市民族社区治理的全过程，既能够衡量城市民族社区治理能力现状，又能够考察社区治理能力的潜能；另一方面，指标之间相互关联，不同层级的指标应当紧密相关，层层细化，不同维度的指标应当能够从不同侧面反映城市民族社区治理能力的现状与特征。

（二）典型相关原则

指标选取应具有一定的典型性，能较好代表城市民族社区治理能力水平，确保评估结果的可靠性和准确性。同时，在指标设置过程中，要遵循相关性原则,考虑数据收集成本,选择与城市民族社区治理能力显著相关的指标。

(三)可操作可比原则

一方面,指标设置时要结合成本、时间等限制因素综合考虑数据收集和计算的可操作性,遵循 SMART 原则,选择明确的(Specific)、可量化的(Measurable)、可实现的(Attainable)、相关的(Relevant)、有时限的(Time bound)评估指标;另一方面,指标设置时要遵循可比性原则,能够实现不同城市民族社区治理能力的横向、纵向比较,更好发现差距,促进城市民族社区治理能力的提升。

(四)治理导向原则

城市民族社区治理能力的评估指标设置,应当以治理为导向,关注基层党组织、居委会、各族居民、社会组织和市场组织等多元主体的能力,以及多元治理主体相互之间对话、协作的能力。同时,指标设置过程中,不仅要衡量治理效率、治理效果等要素,而且要衡量治理的公开透明、依法办事、公平公正、回应力等要素。

(五)灵活权变原则

灵活权变原则,一方面,要求城市民族社区治理能力评估指标要考虑到不同社区之间的差异,避免设置一刀切的衡量标准,保留评估指标的灵活和可调适;另一方面,要求在指标设置过程中,要立足于城市民族社区实际,在指标设置过程中特别关注民族类组织发挥作用情况、各民族居民参与社区治理状况、对非本民族居民和文化的接受与信任程度、对民族身份和公民身份的认同情况以及涉民族因素矛盾依法处理情况等。

二、投入维度下的指标设计

投入维度下,城市民族社区治理能力包含制度建设能力和资源整合能力。其中，制度建设能力是党建引领下多元主体凝聚共识，基于社区公共利益构建社区制度体系，为社区内各治理主体提供行动准则的能力，是多元主体协商对话、协作共治的重要基础。资源整合能力是社区治理各主体为增进社区福祉，最大限度发挥自身优势识别、整合和利用内外资源的能力，是推进城市社区治理现代化的着力点，是提升社区治理能力的基础保障。

（一）制度建设能力

制度建设是建立完善社区各项管理制度、拟定社区各类议事规则以及约定社区居民公约的过程，是社区治理的逻辑起点和基本遵循。完善的制度体系既是社区治理现代化的方向引领，也是提升社区治理效能的关键要素，支撑社区治理体系稳定运行的重要保障。社区制度建设首先要协同多方治理主体就社区治理的基本目标和手段达成共识，搭建社区治理体系的整体框架，进而根据社区实际完善制度细节，增强制度的可行性和可靠性。社区制度体系既包括社区管理与服务制度、办公制度、公共场所管理办法、公共资源使用办法等普遍性的基础管理制度，又包括各社区基于自身实践创新而自行拟定、设置的各类制度，此外还包括居民公约、文明公约等针对社区生活设立的行为规范。制度建设能力是党建引领下多元主体凝聚共识，构建社区制度体系的能力，既要求整体推进又要求重点突出，既要求实践创新又要求制度定型。在城市民族社区中，制度建设能力尤其强调协同各族居民达成利益共识的情况，以及对城市民族社区治理特殊性的关注程度。

本研究通过实地调查，按照基本制度、特色制度的分类，收集整理了样本社区现有的所有制度规范，并进行了赋分。其中，基本制度包括居民会议制度、居民自治章程或居民公约，选举制度，党务、居务、财务、服务公开制度，居民委员会、社区党委、社区专业服务机构工作制度，社区活动场地管理制度，业委会、物业、社会组织管理制度，社区应急处置、学习、教育、会议、培训等制度，社区党建联席会议制度等，特色制度则是社区为巩固实践创新成果，结合社区实际而自行拟定的相关制度。其中，基本制度齐全、规范的赋 4 分，每新增 1 项特色制度则加 0.5 分，至多加 1 分。

（二）资源整合能力

在社区治理中，资源整合是多元主体通过各种途径鉴别、选取、整合、配置和利用社区内外治理资源的过程，强调将不同来源、不同性质、不同价值的治理资源与多元化的需求相对接，在社区治理中实现协同联动和资源共享。当前资源有限性与需求多样性不匹配、财权与事权不匹配是城市社区治理现代化转型的重要阻碍，因此加大社区治理资源投入、提升资源整合能力是破除社区治理资源困境、提升社区治理实效的重要条件。资源整合能力是在社区治理中，多元主体最大限度地识别、整合和利用社区内外资源的能力，是推进城市社区治理现代化的着力点，是提升社区治理能力的基础保障。尤其在城市民族社区中，既要整合资金、人员、物品等有形资源，也要整合信息、政策等无形资源，此外还要整合好意识形态、民族文化、风俗传统等精神资源。

资源整合能力是社区治理的基础保障，是多元治理主体间的需求对接和资源共享，最终体现为社区建设实效。本研究综合采取问卷调查和访谈的形式，通过了解社区建设中获取的内部、外部资源情况和各族居民对于社区建设中资源获取的感知程度、了解程度，来衡量各个城市民族社区治理的资源整合能力。具体而言，外部资源主要包括地方性扶持政策、人力物力财力投入、专项经费、政府试点项目入驻等，内部资源主要指充分发挥各族居民自身优势，促进各族居民自我服务，包括家庭结对互助、志愿服务活动等。

三、过程维度下的指标设计

过程维度下，社区治理能力是多元主体协同对各类公共事务依法开展自我管理与自我服务的能力,包含社区参与能力、社区自治能力、依法治理能力。其中,社区参与能力是以居民为重要组成部分的多元主体参与社区事务的意愿和能力,着重体现为各族居民参与社区活动的积极性,公开表达的意愿,沟通协商、团结协作的本领。社区自治能力是各族居民采取集体行动以解决社区公共问题、处理社区公共事务的能力。依法治理能力是多元治理主体依法维护自身利益、参与社区治理的能力,集中体现为社区党组织、居委会依法参与社区治理,调解利益纠纷,维护社区公共利益的能力。

(一)社区参与能力

社区参与是以居民为主要组成部分的多元主体通过各种途径参与社区公共生活、影响社区公共决策的过程,是社区开明程度、健全水平和活力厚度的反映。良好的社区参与是城市社区实现共建共治共享的前提条件,是推动社区治理现代化转型的重要力量。具体而言,社区参与能力主要体现为社区居民参与社区活动和公开表达的情况。其中,参与社区活动和公开表达为社区居民培育团结协作、沟通对话能力提供机会与平台。在城市民族社区中,各族居民参与能力具有明显的差异性,居民骨干的纽带作用明显,往往居民人数占比较多的民族会更乐于参与社区治理以表达自身利益诉求,而少数民族流动人口由于语言、时间、收入等方面的因素,参与意愿较低,参与能力较弱。

本研究以各族居民为主要考察对象,通过问卷调查的形式,从活动参与、公开表达以及参与意愿三个二级指标考察了城市民族社区的社区参与能力。其中,活动参与不仅衡量了各族居民加入社区社会组织、文艺团队或志愿队伍等团体组织的情况,还衡量了各族居民参加居民代表大会、社区各类讲座的情况。公开表达衡量了各族居民就社区建设向社区干部献计献策的情况。参与意愿则从各族居民是否愿意参与社区建设与发展的情况进行衡量。

(二) 社区自治能力

社区自治是开展社区建设、推动社区治理的首要原则，是城市基层治理的重要基础，是党建引领下居民通过自我管理、自我教育和自我服务，实现社区责任共担和社区利益共享的过程。社区自治能力则是社区居民实现自我管理、自我教育和自我服务的能力，但社区居民并不一定是直接的管理者、教育者和服务者。换言之，社区自治能力同样包括社区居民通过协商合作等形式，协同政府、市场和社会等多方力量，共同参与社区管理、教育和服务的能力。事实上，在新时代社区治理中，业主委员会已经成为社区自治的核心体现：一方面，业主委员会作为业主代表，通过多种形式监督物业管理工作，进行公共决策，处理公共事务，维护业主利益，是社区居民自我管理与自我服务的切实承担者和执行者；另一方面，社区居委会作为法律意义上的群众自治组织，在社区治理实践中承担了大量行政事务，在群众自治中则更多扮演了领导者和协调者的角色。

本研究通过实地调查，收集梳理了各城市民族社区组建业主委员会的情况，通过考察业委会建设情况来衡量社区自治能力。其中，针对没有业主委员会的小区，我们通过考察居民管理委员会或其他楼栋自治组织的情况来衡量其社区自治能力。

(三) 依法治理能力

依法治理强调将社区治理的各项事务纳入法治轨道，是保障社区规范运行、提升社区治理法治化水平的基本要义。城市社区依法治理，一方面，要求社区工作人员树立法治思维，增强法治观念，提高法律素养，依法处理各项社区事务，调解社区矛盾；另一方面，要求社区治理过程中要强化程序思维、规则思维，如涉及社区"三重一大"事项的决策，要通过居民参与论证、集体讨论等程序以达成共识，面对分歧要依法依规进行协调处置，及时公证公开。此外，要求培育法治意识，营造法治观念，引导社区居民尊法学法守法用法，自觉履行自身义务，依法维护自身利益。依法治理能力是多元治理主体依法维护自身利益，参与社区治理的能力，集中体现为社区党组织和居委会工作人员依法处理社区事务，调解社区矛盾的能力。在城市民族社区中，尤其要关注社区工作人员依法处理涉及民族因素矛盾纠纷的能力。

依法治理强调依法依规处理社区各项事务，调解社区矛盾，既要符合规章制度，也要符合程序要求，各族居民则是社区依法治理最直接的受益者和最直观的体验者。因此，本研究采取问卷调查的形式，通过了解各族居民对社区依法办事程度的认可度来衡量各城市民族社区的依法治理能力。

四、结果维度下的指标设计

结果维度下，社区治理能力是为各族居民提供高效高质量社区服务与营造和谐有序、团结互助的社区氛围的能力，包括社区包容能力、社区凝聚能力、社区服务能力和矛盾调解能力。其中，社区包容能力是通过社区治理帮助各族群众实现社区融入、免于排斥的能力，体现为各族居民的机会平等和互相接纳。社区凝聚能力是通过社区治理培育各族居民社区认同与社区共同体意识，推动相互信任、有机团结的能力。社区服务能力是指在党建引领下，多元治理主体为社区提供多样化服务的能力，既包括基本公共服务，也包括弱势群体帮扶、关爱老年人等社区服务。矛盾调解能力是多元主体妥善调和利益分歧、处理邻里矛盾的能力，集中体现为依法、合理调解涉民族因素的矛盾纠纷的能力。

（一）社区包容能力

社区包容要求建立一个包容型的社区环境，强化对各个群体的支持网络，保障居民在社区生活中能够免于被排斥，能够通过各种制度和社会关系融入社区生活中，体现在社会接纳和机会平等两个方面。在城市民族社区中，社区包容是各族居民实现和谐共处、深化交往交流交融、铸牢中华民族共同体意识的基本前提。其中，社会接纳强调各族居民对不同生活方式、文化习俗、宗教信仰的相互尊重和理解，机会平等则强调不同居民对社会保障、就业机会、教育资源和政治参与拥有同样的可得性。社区包容能力是多元治理主体为各族居民提供制度保障和社会关系支持的能力，关注各族居民获取社会保障、就业机会、教育资源和政治参与的情况。

社区包容能力是推动各族居民交往交流交融、实现社区融入、营造和谐共处社区氛围的关键要素。本研究通过问卷调查，从社会接纳与机会平等两个二级指标衡量各城市民族社区的社区包容能力。其中，在社会接纳方面，研究通过询问社区居民是否愿意与其他民族居民聊天、去其他民族居民家中共同庆祝节日两个具体的生活问题来衡量城市民族社区的社会接纳情况。在机会平等方面，由于社会保障、就业机会和教育资源的可及性很大程度依附于基本公共服务的均等化，因此，本研究着重对政治参与的可及性进行衡量，通过了解各族居民与流动人口政治参与情况，考察社区居民对于选举其他民族居民作为社区代表的意愿，来衡量城市民族社区机会平等的情况。

（二）社区凝聚能力

社区凝聚是多元治理主体基于共同的价值观和行为规范而产生的集体认同，反映社会质量的社会关系本质，是使社区结合在一起的黏合剂，通常体现在社会团结、社会信任和社会认同三方面。社区凝聚是实现社区居民团结互助、友爱互信的关键环节，是培育社区共同体的心理基础。然而，当前一些城市民族社区中，社区人口结构复杂、矛盾冲突复杂使得多元治理主体间的价值共识和互信互助较为缺乏，社区团结状态逐步衰退，制约着社区共同体的培育。社区凝聚力是多元治理主体凝聚利益共识、价值共识以实现集体认同的能力，建立在多元治理主体互相信任和团结互助的基础之上。

社区凝聚是培育社区认同、构建社区共同体的心理基础，是推进构建互嵌式民族社区、实现城市民族社区现代化转型的心理要素。本研究采取问卷调查的形式，从社区团结、社区信任以及社区认同三个二级指标衡量各城市民族社区的社区凝聚能力。在调查中，通过询问某一民族居民帮助其他民族居民的意愿程度来衡量社区团结情况，通过询问借东西给其他居民的意愿程度来衡量社区信任情况，通过询问对自己是本社区一员的认同程度来衡量社区认同情况。

（三）社区服务能力

社区服务是多元治理主体满足社区居民日益增长的多样化服务需求的过程，是切实提升社区治理水平、加快社会公共服务体系建设的微观基础。当前，做好面向各族流动人口的公共服务是城市民族社区的重要任务，涉及就业指导、创业扶持、子女入学、语言培训等多个方面。强化社区服务能力是推进基本公共服务均等化、补齐公共服务短板、提升城市社区公共服务水平、改善社区居民生活的重要工程。社区服务能力是多元治理主体为社区提供多样化服务的能力，既包括基本公共服务，也包括弱势群体帮扶、关爱老年人等社区服务。其中，公共部门并不必然是社区公共服务唯一的提供者，社区服务能力强调多元主体协调提供社区公共服务。按照"社会的事社会办、专业的事专业办"的原则，逐步将为老、扶弱、关爱儿童等社区基本公共服务通过统筹设计整体打包给专业社会机构，是当前城市社区公共服务供给的创新趋势。

社区服务是衡量社区治理实效的重要指标，社区服务能力是社区治理能力的关键要素。本研究按照服务内容进行划分，在"社区服务能力"指标下设立"基础公共设施""基本公共服务"以及"重点人群关爱"三个二级指标，分别通过问卷调查的形式考察了社区居民对于服务的满意程度。其中，基础公共设施主要考察各族居民对于健身器材、活动中心、公共广场等文体配套设施和超市、菜场、垃圾箱等生活配套设施的满意度。基本公共服务主要询问了各族居民对于社区医疗服务、就业指导服务、社区文化服务、社区治安服务以及社区卫生环境的满意度。重点人群关爱主要询问了各族居民对于为老服务、关爱儿童以及帮助弱势群体的满意度。

（四）矛盾调解能力

矛盾调解是建设和谐社区、平安社区，推进社区治理现代化转型的关键环节。随着城市化、市场化进程的不断加快，各民族人口跨区域流动的日益频繁，城市基层社会人口异质性逐渐增强，社会结构更加复杂，城市社区所面临的矛盾纠纷也越来越难治理。尤其是城市民族社区，矛盾冲突的复杂化、各族居民文化背景的差异化、居民生产生活的疏离化使得社区矛盾调解面临更大的挑战，对社区服务人员的矛盾调解能力提出了更高的要求。矛盾调解能力是多元主体综合运用民主、协商等柔性方式，妥善调和利益分歧、处理邻里矛盾的能力，在城市民族社区集中体现为依法、合理调解涉民族因素的矛盾纠纷的能力。在社区治理中，矛盾调解能力既包括依托人民调解员、基层法律服务工作者、社会工作者依法调解邻里纠纷、家庭矛盾等，也包括通过完善利益表达机制、心理疏导机制，加强对社区矛盾的提前干预和化解。

矛盾调解能力的提升能够有效应对社区治理中矛盾频发的情况，提升社区治理实效，消解社区治理风险，切实维护社区和谐与社区稳定。本研究采取问卷调查的形式，通过询问各族居民是否依托社区解决过邻里矛盾、利益纠纷，以及对于矛盾调解的满意程度来衡量各城市民族社区的矛盾调解能力。

第三节 城市民族社区治理能力评估指标的权重确定

一、方法选择

针对指标体系常用的赋权方法有专家评价法、层次分析法、主成分分析法、熵权法等。其中,专家评价法作为较常用的赋权法,是通过专家打分的方式逐层确定指标权重,处理上直观简便,但是指标权重受专家主观意见影响较明显,具有较强的主观性。层次分析法、主成分分析法和熵权法等则是更为客观的赋权方法。

层次分析法(Analytic Hierarchy Process,AHP)是20世纪70年代初,美国运筹学家匹兹堡大学教授托马斯·塞蒂(Thomas Saaty)应用网络系统理论和多目标综合评价方法,提出的层次权重决策分析方法。作为较常用的赋权法,层次分析法是一种带有模拟人脑的决策方式的方法,它把研究对象作为一个系统,在将与决策相关的元素分解成目标、准则、方案等层次的基础上,建立层次结构模型,通过定性和定量分析构造判断矩阵,进行层次单排序、层次总排序以及其一致性检验。作为一种系统、简洁、实用的分析方法,层次分析法把定性与定量分析有机地结合,使复杂的系统分解,尤其适用于无结构特性的系统评价以及多目标、多准则、多时期等的系统评价。但是,相比主成分分析法和熵权法,层次分析法运用的定量数据较少,定性成分多,并且当指标过多时,由于数据统计量大,层次分析法难以确定各个指标的权重。

主成分分析法(Principal Component Analysis,PCA),也称主分量分析,首先由皮尔逊(Karl Pearson)于1901年提出,随后霍特林(Hotelling)于1933年将此方法推广到随机向量的情形,是通过考察指标之间内在结构关系，设法将原有变量重新组合成两两不相关的新变量，同时根据实际需要尽可能多地反映原有信息的统计方法。在实际的课题研究中，变量之间往往会存在一定的相关关系，即某两个变量反映的信息存在一定程度的重叠。主成分分析法通过正交变换将一组可能存在相关性的变量转换为一组线性不相关的变量，将重叠程度较强即紧密相关的变量删去多余部分，建立新的变量清单，即主成分，使得新变量互相线性不相关的同时，尽可能保有原有信息。主成分分析法主要包括指标数据标准化、指标间相关性判定、确定主成分个数、建立主成分表达式和主成分命名等步骤，不受主观因素影响，但难以对少数综合的变量进行赋权。

熵权法（Entropy Weight Method，EWM）最先由申农（C. E. Shannon）引入信息论，作为一种客观赋权方法，是根据各指标的变异程度计算指标权重的方法，即通过衡量各指标的信息熵来赋权，指标的信息熵越高，则其带有的信息量越大，所赋权重越大。所谓信息熵，按照信息论基本原理的解释，是对信息系统的无序程度的度量，通过信息熵可以判断某个指标的离散程度，其信息熵值越小，代表该指标的离散程度越大。熵权法根据每个指标的变异程度来赋权的基本前提为：如果某个指标的变异程度较小，说明其反映出来的信息量也较小，则该指标所对应的权重也应该小。反之，如果某个指标的变异程度较大，说明其反映出来的信息量也较大，则应该赋予该指标较大的权重。熵权法具体包括构建各指标的判断矩阵、计算归一化判断矩阵、计算各评价指标的熵、定义熵权、计算权重值等步骤。

熵权法根据各项指标值的变异程度来确定指标权数，是一种客观赋权法，相较于层次分析法等主观赋权法，能够有效避免人为因素带来的偏差，具有较强的客观性和精确性，能够更好地解释所得到的结果。同时，相比主成分分析法，熵权法的适用范围更广、适用性更强，可以用于绝大部分需要确定权重的情境。因此，综合考虑数据类型、可行性等因素，本研究选用熵权法进行指标体系的权重计算。

二、指标权重确定

（一）标准化处理

标准化处理旨在统一各项指标的计量单位，将指标的绝对值转化为相对值以解决各项不同质指标的同质化问题，为计算综合指标打下基础。本研究中所有的指标都是正向指标，采取同一种算法进行数据标准化处理，且标准化后的数据皆为正数，具体公式为：

$$X_{ij} = \begin{bmatrix} a_{j1} \\ a_{j2} \\ \cdots \\ a_{jn} \end{bmatrix}, a_{jk} \geq 0, (k=1,2,\cdots,27)$$

$$Z_{jk} = \frac{a_{jk} - min\{a_{jk}|k=1,2,\cdots,n\}}{max\{a_{jk}|k=1,2,\cdots,n\} - min\{a_{jk}|k=1,2,\cdots,n\}}$$

其中，X_{ij} 表示第 i 个一级指标下的第 j 个二级指标，a_{jk} 表示第 j 个二级指标下第 k 个样本的数值，Z_{jk} 则是第 j 个二级指标下第 k 个样本标准化后的数值。

（二）计算概率

这一步骤通过计算第 j 项指标下第 k 个样本所占的比重，以衡量该指标数值的差异程度，并将其看作信息熵计算中用到的概率。具体公式为：

$$P_{jk} = \frac{Z_{jk}}{\sum_{k=1}^{n} Z_{jk}}, (k=1,2,\cdots,27)$$

其中，P_{jk} 是第 j 个二级指标下第 k 个样本占全样本数值之和的比值，在此处表示信息熵中的概率。

（三）计算熵值

这一步骤旨在计算各项指标的熵值，计算出来熵值越大则该指标中的数值越有序，所含信息量越小，具体计算公式为：

$$e_j = -\frac{1}{\ln(n)} \cdot \sum_{k=1}^{n} [P_{jk} \cdot \ln(P_{jk})], (k=1,2,\cdots,27)$$

其中，当 $P_{jk}=0$ 时，此项直接视作 0 相加，e_j 表示第 j 个二级指标的信息熵。

（四）计算信息效用值

指标的信息效用值决定了其权重的大小，某一信息效用值越大，说明该指标的信息量越大，对评价结果的影响也越大，就该赋予更高的权重。信息效用值的计算公式为：

$$d_j = 1 - e_j$$

其中，d_j 表示第 j 个二级指标的信息效用值。

（五）计算指标熵权

通过将每个指标的信息效用值进行归一化处理，能够得到指标的熵权，具体公式为：

$$W_j = \frac{d_j}{\sum_{j=1}^{17} d_j}$$

其中，W_j 表示第 j 个二级指标的熵权。将对应二级指标的熵权进行加总，即可获得一级指标熵权。

以资源整合能力为例，其外部资源整合能力的标准化处理过程为：

$$X_{21} = \begin{bmatrix} a_{11} \\ a_{12} \\ \cdots \\ a_{1k} \end{bmatrix} = \begin{bmatrix} 0.6889 \\ 0.7800 \\ \cdots \\ 0.1623 \end{bmatrix}, z_{1k} \geq 0, (k=1,2,\cdots,27)$$

$$Z_{21} = \frac{a_{jk} - min\{a_{jk} | k=1,2,\cdots,n\}}{max\{a_{jk} | k=1,2,\cdots,n\} - min\{a_{jk} | k=1,2,\cdots,n\}} = \frac{a_{jk}-1.9697}{5-1.9697}$$

得到标准化数值为：

$$Z_{21} = \begin{bmatrix} z_{11} \\ z_{12} \\ \cdots \\ z_{1k} \end{bmatrix} = \begin{bmatrix} 0.6889 \\ 0.7800 \\ \cdots \\ 0.1623 \end{bmatrix}, z_{1k} \geq 0, (k=1,2,\cdots,27)$$

接着，基于标准化数值计算概率，衡量该指标数值的差异程度：

$$P_{21} = \frac{Z_{21}}{\sum_{k=1}^{27} Z_{21}}, (k=1,2,\cdots,27)$$

得到概率为：

$$P_{21} = \begin{bmatrix} p_{11} \\ p_{12} \\ \cdots \\ p_{1k} \end{bmatrix} = \begin{bmatrix} 0.0483 \\ 0.0547 \\ \cdots \\ 0.0114 \end{bmatrix}, p_{1k} \geq 0, (k=1,2,\cdots,27)$$

然后，计算"外部资源整合能力"指标的熵值，计算公式为：

$$e_1 = \frac{1}{\ln(27)} \cdot \sum_{k=1}^{27} [P_{21} \cdot \ln(P_{21})], (k=1,2,\cdots,27)$$

得到 $e_1 = 0.9506$；

因此，该指标信息效用值为：

$$d_1 = 1 - e_1 = 0.0494$$

该指标熵权为：

$$W_1 = \frac{d_1}{\sum_{j=1}^{17} d_j} = 0.0493$$

最终，通过计算分析，我们得到了如表 2-2 所示的城市民族社区治理能力评估指标体系及权重。

表2-2 城市民族社区治理能力评估指标体系及权重

维度	一级指标	权重	二级指标	权重
投入	制度建设能力	0.2059	制度建设	0.2059
投入	资源整合能力	0.1041	外部资源	0.0493
			内部资源	0.0548
过程	社区参与能力	0.1322	参与意愿	0.0174
			活动参与	0.0635
			公开表达	0.0512
过程	社区自治能力	0.0890	居民自治	0.0890
过程	依法治理能力	0.0238	依法办事	0.0238
结果	社区包容能力	0.1087	机会平等	0.0395
			社区接纳	0.0691
结果	社区凝聚能力	0.0933	社区团结	0.0245
			社区信任	0.0492
			社区认同	0.0196
结果	社区服务能力	0.2162	基础公共设施	0.0592
			基本公共服务	0.0896
			重点人群关爱	0.0674
结果	矛盾调解能力	0.0269	矛盾调解	0.0269

三、指标体系应用说明

(一) 评估数据采集

城市民族社区治理能力评估指标体系需要收集的数据类型包括定性数据和定量数据两种，其中定性数据通过实地调研、访谈材料和社区工作人员提供的文字材料获取，定量数据主要通过问卷调查的形式获得。具体而言，制度建设能力、社区自治能力主要依据定性数据进行衡量，课题组通过实地调研，在社区工作人员的帮助下收集整理了各个城市民族社区现有的规章制度用于衡量各社区的制度建设能力，了解了各城市民族社区组建业委会或管委会的情况用于衡量各社区的社区自治能力。资源整合能力、社区参与能力、依法治理能力、社区包容能力、社区凝聚能力、社区服务能力和矛盾调解能力则主要通过调查问卷的形式收集定量数据。

（二）评估主体

基于当前社区治理主体多元化的要求，评估主体也需要"多元化"，既要有内部主体，也要有外部主体、第三方主体的参与，包括街道政府部门、驻区单位、社区基层组织、各族居民以及专家学者等。本研究主要选择了社区工作人员、各族居民以及专家学者参与城市多民族社区治理能力的评估。其中，社区工作人员作为内部主体，主要通过提供基本信息、台账记录和文字总结的方式参与对制度建设能力、社区自治能力的评估。各族居民作为社区治理最重要的利益相关者，社区治理绩效最直接的体验者，结合自己的亲身经历与切身感受通过填调查问卷的形式参与了对资源整合能力、社区参与能力、依法治理能力、社区包容能力、社区凝聚能力、社区服务能力和矛盾调解能力的评估。专家学者则基于实地调研、文字材料以及问卷信息，对各城市民族社区治理的总体情况进行深入了解，对各城市民族社区的社区治理能力进行全面评估。

第三章

城市民族社区治理能力测度与比较

第一节 城市民族社区治理能力的总体测度

为了对城市民族社区治理能力进行全面、系统、深入的评估,课题组依据地域和类型两个维度,综合考虑调查的可及性以及时间成本、经济成本等因素,选择了一些典型的城市多民族社区作为研究对象。具体而言:一是兼顾不同地域的社区,既在西宁、伊犁、南宁、成都等少数民族聚居的西部地区展开调研,也在北京、南京、义乌、宁波等少数民族散居的东部城市展开调研;二是兼顾不同类型的社区,既调查历史上形成且发展至今的多民族社区,也调查近年来一些外来少数民族人口涌入城市后自发形成的多民族社区。综上,课题组于2019年7月~8月展开了实地调研,涉及北京、南京、义乌、宁波、成都和西宁等,共计8个城市27个社区。在社区工作人员的帮助与社区居民的积极参与下,课题组通过一对一指导问卷填写与派发小礼物的方式,共计向27个城市民族社区的居民发放问卷1000余份,回收有效问卷911份,有效问卷率达91.1%。此外,课题组还实地走访了各个城市民族社区,与社区工作人员、居民代表进行了深入访谈,获取访谈文字材料66万余字,并收集、整理了涵盖社区基本状况、历史沿革、管理服务、资源整合等多方面的材料。

本研究基于实地调研和问卷调查,结合第二章所构建的城市民族社区治理能力评估指标体系,对 27 个城市民族社区的社区治理能力进行测度,最终得出如表 3-1、表 3-2 所示的评估结果。具体来说,城市民族社区治理能力的各项分能力的计算过程为各项分能力之下的二级指标乘以对应指标权重之和,以北京 ADLB 社区资源整合能力为例,资源整合能力分数=外部资源原始分数(4.05714285714286)×对应指标权重(0.0492856256812603)+内部资源原始分数(4.6)×对应指标权重(0.0548291345167535);对于城市民族社区治理总能力的计算过程为各项分能力分数乘以对应维度权重之和。

表 3-1 城市民族社区治理能力评估结果

社区名称	社区治理能力	排名
南京 TYJ 社区	4.203	1
北京 ADLB 社区	4.127	2
西宁 CY 社区	4.080	3
宁波 XY 社区	4.057	4
北京 DSDJD 社区	4.055	5
西宁 GSX 社区	4.033	6
成都 JF 社区	4.014	7
宁波 XS 社区	3.995	8
西宁 ZHX 社区	3.985	9
成都 XBJ 社区	3.893	10
成都 XMQ 社区	3.863	11
南京 QJW 社区	3.834	12
北京 XLYQ 社区	3.832	13
伊犁 SZLKSQ 社区	3.768	14
宁波 ZL 社区	3.748	15

ADLB 社区依法治理能力最强，社区凝聚能力、社区参与能力、社区服务能力较强。宁波 XY 社区服务能力、社区自治能力、社区包容能力、社区凝聚能力最强，社区参与能力、依法治理能力较强。西宁 GSX 社区资源整合能力、社区自治能力较强。成都 JF 社区制度建设能力、社区自治能力优势明显，其他能力较为均衡。

第二类城市民族社区是西宁 CY 社区、北京 DSDJD 社区、宁波 XS 社区、西宁 ZHX 社区、成都 XBJ 社区、成都 XMQ 社区、南京 QJW 社区、伊犁 SZLKSQ 社区、宁波 ZL 社区、义乌 BW 社区、西宁 SJX 社区、南京 MY 社区、伊犁 TH 社区、北京 NJDL 社区、南京 BYG 社区 15 个社区。这类社区在各项社区治理能力上得分水平不一，但优劣势明显。其中西宁 CY 社区、北京 DSDJD 社区、宁波 XS 社区参与能力、社区包容能力较强，后两者社区自治能力较弱。西宁 ZHX 社区矛盾调解能力较强，其他能力较为均衡。成都 XMQ 社区资源整合能力位居第一，社区包容能力、社区凝聚能力、社区服务能力、矛盾调解能力不强。南京 QJW 社区、伊犁 SZLKSQ 社区资源整合能力较强，制度建设能力不强；而宁波 ZL 社区、义乌 BW 社区、西宁 SJX 社区、南京 BYG 社区制度建设能力较强，资源整合能力不强。南京 MY 社区、北京 NJDL 社区自治能力较强，社区服务能力、矛盾调解能力不强。伊犁 TH 社区制度建设能力、社区自治能力较弱，矛盾调解能力较强。

第三类城市民族社区是北京 XLYQ 社区、成都 YBL 社区、北京 XLEQ 社区、西宁 BG 社区、义乌 JMS 社区、义乌 SJ 社区、南宁 FL 社区 7 个社区。这类社区各项社区治理能力的分数不均衡，且缺少明显的优势领域。其中北京 XLYQ 社区无明显的优势能力，而且社区自治能力也不理想。成都 YBL 社区制度建设能力、依法治理能力较弱。北京 XLEQ 社区服务能力、矛盾调解能力较弱。西宁 BG 社区、义乌 JMS 社区各项能力比较一般，且无明显优劣势领域。义乌 SJ 社区的资源整合能力最弱。南宁 FL 社区无明显优势，社区参与能力、依法治理能力、社区凝聚能力、矛盾调解能力为最弱。

第二节　城市民族社区治理能力的分类测度

本研究根据城市民族社区治理实际，将社区治理能力划分为制度建设能力、资源整合能力、社区参与能力、社区自治能力、依法治理能力、社区包容能力、社区凝聚能力、社区服务能力和矛盾调解能力。我们根据表3-2分别对九个能力进行分析，可以发现每个城市民族社区在九个能力方面的具体情况。

一、制度建设能力

总体来看，当前各城市民族社区的制度建设能力较为均衡，各城市民族社区的基本制度建设完善，都建立了社区管理制度，形成了社区治理法规体系，基本制定并完善了《居委会财务管理制度》《居民公约》等制度，让社区治理有章可循、有规可依。但结合社区实践进行制度创新的能力总体较弱，只有少部分城市民族社区通过制度定型的方式巩固了实践创新成果。

其中，义乌BW社区的制度建设能力最强，为1.030。该社区的高制度建设能力表现为具有较为完备的基本制度，也建立了符合社区特点的特色社区管理制度。义乌BW社区基本制度较为健全，建立了以党建为轴心的"一轴四化"党建工作体系，并建立了完备的居民代表大会制度等基本制度。此外，义乌BW社区针对庞大的流动人口压力，采取了软硬兼施、多措并举的特色安全管理政策。主要包括分派专门负责人进行出租房、出入境的管理，减轻防控压力，做好社区维稳工作，并针对特殊人员的管理设有积分制度。

此外，南京 TYJ 社区、北京 ADLB 社区等 13 个城市民族社区的制度建设能力均为 0.927。这些城市民族社区都基本建立了完善的基本制度，如居民委员会制度、党建引领、社区工作制度、居民公约等方面都较为健全，这些城市也拥有自身的特色制度，如西宁 SJX 社区建立"五站一场"机制，"五站"即民族驿站、党员活动站、图书站、博爱驿站和心理驿站，"一场"是爱心广场，为社区居民提供公共服务。最后是西宁 CY 社区、宁波 XY 社区等 13 个城市民族社区的制度建设能力分值均为 0.824。这类城市民族社区的基本制度比较健全但是缺少一些特色制度，或者特色制度没有显示出其独特的优越性，针对性不够突出。

二、资源整合能力

相比于制度建设能力，各个城市民族社区资源整合能力的差距相对较大。成都 XMQ 社区的资源整合能力最强，分值为 0.517。其次是伊犁 SZLKSQ 社区、西宁 GSX 社区、南京 QJW 社区、南京 TYJ 社区等民族社区。

这些城市民族社区都能够充分争取、整合和利用外部资源和内部资源用于社区治理，比如，成都 XMQ 社区每年都会有来自政府的社区发展治理专项资金的支持，在与西南民族大学的校社共建中引进大学生志愿者参与社区志愿服务和社会实践，还通过公募资金，争取党建项目等方式获得资源。资源整合能力相对弱的城市民族社区有义乌 SJ 社区、西宁 SJX 社区、义乌 BW 社区、义乌 JMS 社区以及宁波 ZL 社区等社区。这些城市民族社区在争取地方扶持政策、投入人力物力财力、申请和运用专项经费以及调动组织各族居民进行自我服务的能力还需要提高。

三、社区参与能力

社区参与能力较强的社区通常民主协商氛围浓厚，各族居民参与社区治理的热情高涨，居民利益表达机制健全，诉求传递渠道完善，且各类社会组织和市场组织也积极参与社区治理。

其中，南京 TYJ 社区的社区参与能力最强，分值为 0.608，西宁 CY 社区、宁波 XY 社区、北京 ADLB 社区、北京 DSDJD 社区等社区参与能力也较强，基于调研，我们发现南京 TYJ 社区通过搭建"为爱帮扶培育社"平台的方式将各族居民凝聚起来参与社区工作，便利居民和社区之间的沟通；宁波 XY 社区定期会召开"四方联动会议"，公平公开处理社区事务。社区参与能力相对较弱的城市民族社区有南宁 FL 社区、伊犁 SZLKSQ 社区、义乌 JMS 社区、义乌 SJ 社区、伊犁 TH 社区等。这些城市民族社区的居民参与社区团体组织和社区议事会的频率相对较低，居民共同体意识和主体意识不强，缺乏内在驱动力，参与内容相对单一，参与能力较弱。

四、社区自治能力

基于调研，我们发现宁波 XY 社区、西宁 GSX 社区、成都 JF 社区等城市民族社区的社区自治能力较强，这些城市民族社区的业委会建设完善、运行规范，比如，宁波 XY 社区的业委会会定期举行会议，公开账目开支，部分业委会主身兼社区数个职位，熟悉社区情况。西宁 GSX 社区通过自管会代替业委会，来避免业委会自利性问题；成都 XMQ 社区通过"两组一会"机制代替业委会功能，建有院落党组织，以打造高品质和谐宜居的院落和各民族温馨家园。

而北京 DSDJD 社区、北京 XLYQ 社区、宁波 XS 社区等城市民族社区的社区自治能力还有待提高，这些城市民族社区大多是老旧散小区，由于拆迁遗留问题、物业问题或者居民需求问题等导致无法建立起稳定的业委会组织，物业管理服务不健全，也没有建立能够代替业委会功能的居民管理委员会来处理居民与物业之间的关系，维护业主利益，居民往往以个体身份与物业公司协调社区问题。

五、依法治理能力

当前，在社区治理工作的具体实践中，运用法治思维和法治方式已是必然趋势。北京 ADLB 社区、宁波 XS 社区、成都 XBJ 社区等城市民族社区的依法治理能力较强，能够实现依法规范管理。社区工作人员法治意识较强，能够用法治思维和法治方式管理社区工作，依法依规处理各种经济和社会问题，能够及时调解社区矛盾，维护社区公平正义。比如，宁波 XS 社区通过政府购买服务的方式来向各族居民普及法律知识，解决法律上的问题，南京 TYJ 社区法治化健全，将法律作为解决问题的首要方法，公平公正对待各族居民，不搞特殊化。南宁 FL 社区、义乌 JMS 社区、北京 NJDL 社区等城市民族社区的依法治理能力相对弱一些，还需要积极营造尊法守法学法用法的良好氛围，进一步落实推进社区依法治理各项工作措施，努力提高各族居民法律意识，增强法治观念和法律素养，让社区干部群众自觉做到办事依法、遇事找法、解决问题用法、化解矛盾靠法。

六、社区包容能力

社区包容能力较强的社区社会接纳水平都比较强，社区居民普遍愿意与其他民族居民交流相处，培育了良好的居民间沟通、协商、合作的能力，形成了积极、温暖、宽容的社区氛围。此外，这些城市民族社区的居民政治参与意愿都较强，参与能力较强。宁波 XY 社区的社区包容能力分值为 0.503、西宁 CY 社区的社区包容能力分值为 0.499、宁波 XS 社区的社区包容能力分值为 0.493，还有南京 TYJ 社区、北京 DSDJD 社区等城市民族社区的社区包容能力排名均较为靠前。其中，宁波 XY 社区通过"四微并举"即开设微组织、微热线、微窗口和微平台来促进少数民族流动人口子女更好地融入社区乃至社会，少数民族居民会在经营商铺时使用民族文化元素来传播优秀的民族文化，让各民族居民之间加深了解。而义乌 BW 社区、义乌 JMS 社区等城市民族社区的社会接纳和机会平等情况还需进一步改善，各族居民之间的交往不够密切，社区内流动人口的政治参与意愿也相对较低。

七、社区凝聚能力

社区凝聚能力与社区包容能力都是培育社区认同、构建社区共同体的基础，二者之间存在着紧密的联系。因此，社区包容能力较强的社区，其社区凝聚能力也普遍较强。如宁波 XY 社区、南京 TYJ 社区、北京 ADLB 社区等城市民族社区的社区包容能力和社区凝聚能力都较强。在调研过程中，这些城市民族社区的各族居民都表示有较强的意愿去帮助其他民族居民，各个民族之间团结一心，并且居民也愿意借东西给其他居民，各族居民之间的信任度高，他们对所在社区的认同感也较强。而社区包容能力低的城市民族社区，其社区凝聚能力也相对较弱，如南宁 FL 社区、义乌 BW 社区、义乌 JMS 社区等社区。

八、社区服务能力

社区提供公共服务的供给能力关系到社区居民生活的便利与否，更关系到居民切身的获得感、幸福感和安全感。宁波 XY 社区、西宁 CY 社区、宁波 XS 社区等城市民族社区的社区服务能力较强。这些社区都配备了齐全的健身器材、活动中心、公共广场等文体配套设施和超市、菜场、垃圾箱等生活配套设施，各族居民对社区的治安、医疗、就业、卫生等基本公共服务的满意度较强，社区内为老人、儿童及弱势群体提供了特殊的关爱和服务，社区服务基本满足各族居民的多样化服务需求。如宁波 XY 社区打造了以微组织、微热线、微窗口和微平台为主线的"四微并举",专门设置少数民族服务岗位帮助各族居民解决困难,该社区综合减灾能力也比较强,配备了消防通道、微型消防站等防灾设施为社区安全问题保驾护航。而北京 NJDL 社区、北京 XLEQ 社区等社区的居民对于社区基础公共设施、基本公共服务以及对重点人群的服务的满意度不高,社区服务能力还需要提升。

九、矛盾调解能力

习近平总书记在浙江省安吉县调研时说过:"把群众矛盾纠纷调处化解工作规范起来,让老百姓遇到问题能有地方'找个说法',切实把矛盾解决在萌芽状态、化解在基层。"矛盾调解能力较强的社区能够综合运用民主、协商等柔性方式,依法、合理调解涉民族因素的矛盾纠纷。宁波 XS 社区、伊犁 TH 社区、宁波 XY 社区等社区的矛盾调解能力较强,其分值分别为 0.134、0.134、0.130。而南宁 FL 社区、北京 XLEQ 社区等社区的矛盾调解能力相对较弱,存在着社区调解专业人才短缺、社区调解机制不健全等问题,社区矛盾调解工作效果仍需加强。

第三节 城市民族社区治理能力的东西部比较

本研究对东部散居区和西部聚居区的城市民族社区均进行了实地调查。其中,东部散居区调查了宁波 XY 社区、宁波 XS 社区、宁波 ZL 社区、南京 TYJ 社区、南京 MY 社区、南京 QJW 社区、南京 BYG 社区、北京 DSDJD 社区、北京 ADLB 社区、北京 XLYQ 社区、北京 XLEQ 社区、北京 NJDL 社区、义乌 SJ 社区、义乌 JMS 社区和义乌 BW 社区等 15 个城市民族社区。西部聚居区调查了西宁 CY 社区、西宁 GSX 社区、西宁 ZHX 社区、西宁 BG 社区、西宁 SJX 社区、伊犁 SZLKSQ 社区、伊犁 TH 社区、成都 JF 社区、成都 XBJ 社区、成都 YBL 社区、成都 XMQ 社区和南宁 FL 社区等 12 个城市民族社区。

无论是东部散居区，还是西部聚居区，当前城市民族社区已经很少是某个单一的少数民族集中居住，大多是两个或两个以上的民族交错居住的社区。其中东部散居区城市民族社区中的少数民族居民只有少部分是自古以来一直生活在这里，大部分都是在城市化进程下，由于社会流动增强，各族群众跨区域流动进入城市而形成的。西部聚居区的城市民族社区则更多是由历史自然演变而来的，同一个民族成员偏向于选择在一起居住，社区内大多是世居的少数民族。研究发现，东部散居区和西部聚居区的城市民族社区在生活方式、经济水平、社区治理上均存在着较大的差异，对二者进行系统的比较分析能够更全面呈现不同地区和类型的城市民族社区治理能力差异，总结不同城市民族社区治理的经验和不足，以期形成相互借鉴，全面提升我国城市民族社区治理能力和水平，激发基层治理创造力和社会创新活力，推进社会治理体系和治理能力现代化转型，同时促进各族群众交往交流交融，加快构建民族互嵌式社区，进而从社区层面铸牢中华民族共同体意识。

一、总体比较

总的来看，基于表 3-1 和表 3-2，我们可以发现以下三个较为明显的特征。

第一，东部散居区和西部聚居区的城市民族社区治理总体能力普遍较强，在创新社区治理机制、增强社区治理动力、凝聚社区治理合力、化解社区矛盾冲突、树立各族居民共同体意识、构建和谐有序社区等方面都显示出各自优势和强劲势头。具体而言，东、西部城市民族社区在开展民族工作和处理民族事务的过程中，都坚定不移地坚持各民族一律平等原则，坚决反对民族歧视，维护和发展各民族的平等团结互助和谐关系，并且都能够结合自身经济、文化以及民族特色等条件建立符合自身发展的治理模式，并致力于长效的发展。同时，东、西部城市民族社区治理都以与各族居民生活切实相关的民生事务作为切入点，以服务好各族居民、维护好社区公共利益作为目标，涵盖政策宣传、法律普及、劳动就业、子女教育、社会保障、养老医疗各个方面，尤其是面向少数民族流动人口的服务管理上，各个城市民族社区都把少数民族流动人口的服务管理作为社区工作的重要内容。

第二，东部散居区的城市民族社区治理能力分化较为明显，而西部民族聚居区的城市民族社区治理能力相差不大。其中，社区治理总能力分值排名前5的城市民族社区中，有4个社区位于东部散居区；而排名后5的城市民族社区中，同样有4个社区位于东部散居区。通过计算各城市民族社区在各项社区治理分能力上的标准差发现，位于东部散居区的城市民族社区在资源整合能力、社区服务能力和制度建设能力上存在着较大的差异，而在依法治理能力、社区包容能力和社区凝聚能力上则差异不大。位于西部聚居区的城市民族社区治理能力总体差异要比东部散居区的城市民族社区小，其中在资源整合能力、社区参与能力和制度建设能力上社区间差异稍大，在依法治理能力上社区间差异很小。

第三，从城市民族社区治理能力的九个一级指标来看，东部散居区和西部聚居区的城市民族社区各有所长。通过分别计算东、西部城市民族社区在各项一级指标上的平均值，我们对东、西部城市民族社区治理分能力进行总体比较。结果发现，东部散居区的城市民族社区在制度建设能力、社区参与能力和社区凝聚能力上优势明显，西部聚居地区的城市民族社区在资源整合能力、社区服务能力和矛盾调解能力上具有更好的表现，而在社区自治能力、依法治理能力和社区包容能力上东、西部城市民族社区差异不大。

二、东部散居区城市民族社区治理能力的特点分析

根据前述对总体情况分析得出的结论,东部散居区的城市民族社区在制度建设能力、社区参与能力和社区凝聚能力上具有较为明显的优势。

从制度建设能力来看,东部地区经济发展水平较高,城市社区治理的物质基础更好。因此,东部散居区的社区管理与服务制度、各类议事规则以及社区居民公约等制度体系建设完善程度高,具有协调联动的基层民族工作体制机制。同时,社区工作者的专业素养相对较强,社区治理的创新意识更强,会在社区基础治理工作上有更多新的实践和探索,在完善的社区基本制度之上建立具有自身特色的规章制度。此外,东部地区的法治建设较为完善,在执行国家法律政策时往往比西部地区速度更快,效率更高,接受和适应法律能力更强,对《中华人民共和国城市居民委员会组织法》《城市民族工作条例》等政策法规贯彻更为深入。

东部散居区城市民族社区在社区参与能力上也较强。首先,东部散居区的城市民族社区基础设施和基本公共服务配备齐全,有足够完善的公共空间为各族居民提供较为丰富的社区活动。其次,社区居民代表大会等制度较为健全,建立了较为完善的民意诉求机制,同时培育了各类社区社会组织,在社区内组织丰富多彩的活动并提供多样的公共服务,引导各族居民参与社区活动,调动居民社区参与的积极性的同时培育了社区居民团结协作、沟通对话能力。最后,各族居民容易获取丰富的教育资源,知识文化水平和政治素养也相对较强,社区主人翁意识和权利义务意识也较强,愿意参与社区事务治理,向社区建设积极建言献策。

东部散居区城市民族社区的社区凝聚能力较强,主要体现在东部散居区城市民族社区正在逐步形成社区共同体的心理基础,社区团结、社

区信任以及社区认同水平较强,在文化、生活以及精神层面的互动更为频繁。各族居民对于民族之间的交流交往呈现一种乐观的态度,和当地长久以来的各民族居民共同居住生活的格局有很大的关系,和长期良好的民族团结进步工作的开展以及良好的社会氛围也有较大的关系。东部散居区的城市民族社区,各族居民在同一个社区内共同生活,相互之间对生活习俗、语言文化会形成潜移默化的了解,提升了各民族间心理及行为的包容性。民族文化作为少数民族群众彰显民族特征、强化民族界限的重要工具,具有强烈的地域依靠性,但在东部散居区城市民族社区中,许多少数民族群众已脱离了传统民族文化依托的地域,融入了现代化的新环境,在与汉族等其他民族居民的长期交往互动过程中,在心理、情感认同的基础上,东部地区当地的文化认同也慢慢渗透至少数民族居民的生产生活中,这一潜移默化的过程使城市民族社区中形成了"你中有我,我中有你"的民族关系格局。

三、西部聚居区城市民族社区治理能力的特点分析

根据对东、西部城市民族社区各项治理能力情况的分析,我们得出西部聚居区的城市民族社区在资源整合能力、社区服务能力和矛盾调解能力上具有更好的表现。

首先,在资源整合能力方面,西部聚居区城市民族社区的资源优势主要体现在外部资源上。由于西部地区少数民族人口更为聚集,因此,地方政府普遍重视民族工作,扶持力度较大,专项经费也比较充足,社区与其他组织之间的合作也较为密切。如成都XMQ社区每年都会有来自政府的社区治理专项资金支持,在与西南民族大学的校社共建中引进大学生志愿者参与社区志愿服务和社会实践,还通过公募资金、争取党建项目等方式获得资源。如伊犁SZLKSQ社区的基础设施资源主要由政府按照社区规模提供,每年都会获得固定的建设资金,以及民族团结等

专项资金助力社区建设,此外,社会组织还积极参与社区建设中,开展了"蓝天社工""情暖伊犁"等品牌项目,为社区各族居民提供文娱活动和困难帮扶,通过多元治理主体间的需求对接和资源共享,服务于社区建设的开展。

其次,在社区服务能力方面,随着国家对中西部地区建设力度的加大和对社区治理的重视,西部地区的社区公共服务能力相比之前有了很大的提高,这也打破了我们对西部地区公共服务和东部地区之间存在较大差距这一惯性思维。中央民族工作会议明确指出:要解决好民族问题,物质方面的问题和精神方面的问题都要解决好。[①] 因此,西部地区各级政府对于城市民族社区建设的重视程度普遍较强,在城市民族社区治理过程中着重加强了基本公共服务和基础公共设施的建设和供给,巩固和发展了民族团结的物质基础。另外,我们的问卷调查是以居民满意度作为评价依据,来测评社区服务能力。因此,西部民族聚居区的社区居民作为公共服务的接受者和使用者,通过纵向比较,亲身感受到了社区公共服务相比之前有了很大的改进和完善,生活的便利性和居住的幸福感大大增强,因此对社区公共服务表现出了较强的满意度。

最后,西部民族聚居区城市民族社区的矛盾调解能力也比较强。一方面,在西部民族聚居区的城市民族社区,社区中的少数民族群众大多是由历史自然演变而来的世居居民。各民族居民长久地居住在一起,对彼此的文化风俗、生活习惯有着更加深刻的认识和了解,没有太多的距离感,在平时相处的过程中也能够互谦互让、互相扶持,因此,社区内各族居民之间和谐共居的良好氛围十分浓厚,发生矛盾时,也更容易调解。另一方面,西部聚居区城市民族社区的干部和工作人员,大多都具备民族社会工作的本领,专业性强,熟练掌握了各种民族政策、法律法

---

① 习近平在中央民族工作会议上强调 以铸牢中华民族共同体意识为主线 推动新时代党的民族工作高质量发展[J].中国民族,2021(08):4-7.

规和民族理论知识，同时对少数民族事务接触较多，积攒了丰富的基层工作经验，能够较为灵活地应对和处理社区内的各种问题和矛盾。此外，相比于东部地区，西部地区的城市民族社区有条件同时也更善于借助各民族精英人士来处理矛盾与纠纷，有更加完善和成熟的处理涉民族因素矛盾纠纷的工作机制。

第四章

城市民族社区治理能力的典型案例

在对27个城市民族社区进行社区治理能力的评估比较后，经过综合考虑，我们选取了5个社区治理能力较为突出的典型社区进行深入分析，包括成都XMQ社区、宁波XY社区、南京TYJ社区、宁波XS社区、北京ADLB社区和西宁CY社区。以下通过整合调研结果和访谈记录，对这6个社区典型做法和治理成果进行分析和总结。

第一节　成都XMQ社区

成都XMQ社区是西部地区具有代表性的城市多民族社区，位于四川省成都市武侯区浆洗街黄金地段，东邻洗面桥街，南邻一环路南四段，西邻武侯祠横街，北邻洗面桥横街，辖区面积0.6平方千米。自20世纪80年代开始，西藏、甘孜、阿坝等地的驻成都办事处就安置于此，这里也逐步形成了著名的少数民族文化用品集散地和特色街区。同时，西南民族大学也坐落在这里，四川大学华西医院、武警医院、西藏成办医院、363医院等医疗单位也位于周边地带，使得社区呈现出了"一齐三多"的民族工作特征："一齐"，即2005年起由于西南民族大学招生使56个民族成分在社区聚齐；"三多"，即社区周边省内民族地区办事机构多、少数民族商家多、以藏族为主的少数民族流动人口多。据统计，在该社区居住7天以下的少数民族流动人口年均流动量达30万人次，街道年均流动量达100万人次，因此被誉为"成都八廓街"。

针对社区多民族聚居的特点，在上级党委政府的重视和支持下，成都XMQ社区长期以来致力于民族团结与和谐民族关系的构建，并以良好的服务赢得了社区各族居民的理解、信任和支持。2012年6月被中央宣传部、中央统战部和国家民委授予"全国民族团结进步创建活动示范社区"荣誉，2014年9月29日在国务院召开的第六次全国民族团结进步表彰大会上社区所在的浆洗街街道办事处继1994年之后再次荣获"全国民族团结进步模范集体"称号。

从社区治理能力指标体系来看，成都XMQ社区的优势体现在资源整合能力上，能够有效配置和利用社区内外治理资源，并与居民多样化需求对接，尤其是在外部资源的整合上更是卓有成效。成都XMQ社区与西南民族大学通过校社共治实现社区治理和学生发展的共赢，并有效利用来自政府、社会组织等其他治理主体的资源，将其运用于社区服务，在社区治理中实现协同联动和资源共享，具体如下。

首先，培育五个协会，建立多元协同的社区治理体制。针对社区内少数民族单位多、商铺多、流动人口多，且居住相对集中的特点，面对传统一元治理模式下难以协调和解决治理难题的情况，XMQ社区本着党委领导、政府负责、有关部门协同配合、全社会通力合作的工作格局，整合专家、商家、学校、社会组织等多方治理主体和治理资源，积极探索了多元协同治理的办法，培育了五个协会并取得了积极的成果。第一，社区民族团结工作专家协会。在社区党委领导下，由西南民族大学教授、社区党代表、人大代表、政协委员人士、少数民族地区驻成都办事处联络员等会员组成社区民族团结工作专家协会，共同研究和制订社区治理创建活动规划、实施方案和重大事项。第二，社区少数民族商家协会。社区成立了由少数民族商家组成的少数民族经营户协会，广泛开展自我服务和互助服务，加强与商家之间的联系与交流，及时了解与解决商家的需求和实际问题，组织、动员少数民族经营户参与社区治理工作。少数民族商家协会一般每半年召开一次商家联谊会，共同参与民族工作，定期走访少数民族商家，并组织开展诚信经营、参与关爱贫困弱势群体活动。第三，社区少数民族志愿者协会。社区充分发挥驻区西南民族大学的资源优势，与管理学院、社会学与心理学学院、藏学院等开展校社联创，共建大学生社区实践基地，常年为各族群众提供志愿服务。第四，社区少数民族文化协会。为繁荣社区文化，XMQ 社区充分利用西南民族大学丰富的文化教育资源，以打造文体特色社区为目标，组建了社区星光艺术团、武术队、舞蹈队、腰鼓队、民族街舞队等五支文体团队，常年在校园内、广场、街边开展丰富多彩的群众性文化体育活动，并组织社区少数民族同胞参加街道举办的大型文化体育活动，以活动促进交往交流、增强文化认同、凝聚民族之心。第五，法律服务协会。社区依托西南民族大学的法律资源，聘请常驻律师，解决各族群众的权益保障问题。社区还专门设立了法律服务工作站和少数民族法律援助站，由西南民族大学法学院教师和学生作为主要力量在社区内开展常态化的法律服务。同时，在市、区法院法律资源共享机制下，法院的法律工作者进入社区，作为人民调解的指导员解决社区内居民之间的矛盾纠纷。此外，XMQ 社区还将少数民族人大代表、政协委员、离退休干部等代表人士作为特约联络员，坚持每年组织联络小组成员参加区、街道"民族宗教工作培训会"和"联络员接待日"等活动，推进民族团结进步示范社区建设工作。

其次，整合外部资源，营造社区共学共居的氛围。除了培育协会，在多元治理机制上保障社区民族工作的平稳运行，XMQ 社区还通过整合政府、学校以及社会组织资源以社区活动、宣传教育等方式营造相互包容、互惠互补的社区环境，使社区形成彼此紧密连接的利益共同体、情感共同体。一方面，XMQ 社区高度重视主题宣传月的活动。每年 9 月都会与西南民族大学联合举办主题宣传月活动，以漫灌式和滴灌式相结合的方式组织各类大大小小的活动。漫灌式即在各类节假日期间结合不同主题举办活动；滴灌式即根据社区发展需要和各民族居民需求在院落、小区范围内不定期组织开展活动，如驻区单位志愿者、大学生、社会志愿者参加进来对居民进行滴灌式的司法宣传教育，活动的举办充分考虑和关注社区各民族居民需求的多样性和相互之间文化风俗习惯的差异性。另一方面，XMQ社区依靠政府提供的社区发展资金以及政府购买服务来开展活动，引进社会组织提供民族团结宣传、矛盾调解、关注弱势群体、提供就业服务等多种活动，将社会治理的大型资源融入社区，从而营造共学共乐的社区氛围。

最后，校社共治，为社区提供多样化的公共服务。与西南民族大学联合开展校社共治，是XMQ社区获取外部资源的最主要途径。西南民族大学作为驻区单位，可为社区开展工作提供人员支撑、智力支持，从而使社区建设得到有力保障。其一，为开展社区服务工作提供了人员支撑。当前，社区工作者的薪资待遇相对较低，不足以吸引年轻人到社区来工作。面对这些问题，西南民族大学为社区服务工作提供了有力的人员支撑，如其社会学与心理学学院在每个周二和周四派送不同任务组的同学到社区办公室坐班，为社区居民解决生活中的难题。其二，为提升社区凝聚力和归属感提供了智力支持。西南民族大学运用丰富的文化、人力资源，在社区开展了一系列宣传各民族知识、加强居民沟通与交流的活动，如举办"民族团结进步月"系列活动，包括民族团结专题讲座、民族美食文化节、传统体育项目竞技等，举办"魅力西羌风、缤纷文化年"羌历新年系列活动，以活动来凝聚人心，让各族居民真正融入多民族社区这个"大家庭"。其三，为加强精神文明建设、提高居民参与提供了指导。居民对社区的参与是社区发展的动力，提高居民的参与积极性需要强化宣传教育。西南民族大学法学院的学生为社区开展法律宣传活动出谋划策，提供智力上的支持；民族研究院的教师为社区民族工作骨干队伍开展培训，来提高社区工作者参与治理的水平和能力；艺术学院学生为社区文艺晚会提供节目，增加晚会节目的多样性，满足不同年龄段不同民族居民的欣赏需求。通过这些活动提高了各族居民社区参与积极性，培养了"社区是我家，建设靠大家"的意识。

第二节 宁波 XY 社区

宁波 XY 社区是 2004 年 9 月成立的拆迁安置型社区，区域面积 2.0 平方千米。辖区内现有 14 个居民小区，宁波职业技术学院、明港中学、博平小学等 5 所学校，大润发、天港大酒店等商业企业 30 余家，居民有 3 万余人，有 34 个少数民族的居民 10221 人，其中流动人口为 9744 人。此外，辖区内还有宁波职业技术学院新疆班和明港中学内高班的少数民族学生近 800 人。

近年来，宁波 XY 社区以党组织为核心，有机联结单位、行业及各领域党组织，建立健全需求清单、资源清单、项目清单，构建起"多网合一、资源整合、共建共享"的城市基层社会治理新格局。2011 年，社区所属的大碶街道荣获"宁波市民族团结进步模范集体"荣誉称号，2014 年，浙江省民族工作"四微"建设推进会在北仑区召开，XY 社区的"四微"建设得到与会者一致好评。2016 年，XY 社区作为"四微"建设试点单位在第六次宁波市民族团结进步宣传月活动启动仪式暨社区民族团结进步创建工作交流会上做交流发言。同时，街道和社区的"四微"建设试点工作得到国家、省、市等上级部门的高度肯定，成为社区治理的先进样板。

XY 社区在城市民族社区治理能力评估中表现突出，在社区自治能力、社区包容能力、社区凝聚能力、社区服务能力和矛盾调解能力这五种能力上均较为先进。社区紧紧围绕共同团结奋斗、共同繁荣发展的主旋律，以和谐和乐和睦、共建共享共融为目标，以破解少数民族流动群众融入难为重点开展民族工作。社区治理典型工作主要体现为打造"四微并举",以微组织、微窗口、微热线、微平台为支撑,从方方面面为各族居民解决问题;建立以网格支部、居委会、业委会、物业公司为主要成员的四方联席会议商讨社区工作事宜;利用区域优势,与宁波职业技术学院新疆班和明港中学内高班结对共建,资源共享、活动共办;通过"三圈合驿"加强党组织的横向联系,发挥党建引领作用;将"党建网格"与"社会治理网格"深度融合,将社区工作细化、落实到网格中,及时高效调解社区矛盾。

第一,"四方联动"合作机制提升社区自治能力。作为社会治理的基础环节,以业主委员会为中心的业主自治成为社区治理的重要内容。社区通过业委会自我管理、自我教育和自我服务,实现社区责任共担和社区利益共享。调研发现,XY社区显示出了较强的社区自治能力,主要在于其业委会成熟规范的运营机制和与居委会党委的良性合作。首先,社区建立了"四方联动"的合作机制,由社区党委牵头,定期召开网格支部、居委会、业委会、物业公司四方联席会议,共同探讨小区整合中的大事、急事、难事,形成解决方案,以妥善解决小区内的相关问题。其次,业委会主任担任网格长,能够时刻对社区内的问题进行排查和解决,切实代表居民的权益,为居民发声。再次,业委会的管理规范、各项收支及有关社区的决策内容都一应公开,使业委会运营能够规范化、透明化和民主化。最后,业委会的良性运营还在于社区领袖的作用,由社区内有威望、有信服力的人物担任业委会成员,能够凭借领袖的个人魅力有效化解社区内产生的矛盾。XY社区是拆迁安置小区,居民选举原来的村干部担任业委会主任,在社区内具有一定的威望和影响力,方便调动社区内各种资源,处理好与居委会、党委和物业的关系,就居民生活问题和社区建设与物业公司进行协商,为社区引进建设资源。

第二,"四微并举"加强社区服务水平。XY社区通过"四微并举"

来提高社区服务能力。社区内少数民族流动人口较多，以蒙古族、回族、维吾尔族居多，社区内存在着多样化的复杂需求，为此社区开展"四微并举"工作，通过党建引领、宣传教育、互动联谊、双向服务促进少数民族同胞的组织融入、思想融入、文化融入和社会融入。四微主要包括微组织、微窗口、微热线和微平台。首先，发展"微组织"，实现组织服务全域化。成立民族工作领导小组和少数民族流动人口服务管理试点工作领导小组，并在每个社区建立民族工作服务站。建立"1+11+N"的少数民族社团组织，形成"街道领导、村（社区）参与、民族社团协同"的三级组织网络。发挥社区干部的作用，深入了解并解决各民族居民的生活需求和实际困难，调解各类矛盾纠纷。同时，在宁波职业技术学院成立民族联谊小组及以大学生为主要成员的民族社团组织。其次，建立"微热线"，实现诉求服务便捷化。开通24小时服务的"阳林热线""王玲玲民族工作热线"以及"贝大姐服务热线"，设立民族工作QQ群及微信群，畅通诉求渠道，及时协调处理少数民族相关事务。此外还建立起民族工作信息员队伍，形成高效的信息反应机制，搭建连通政府与少数民族群众交流沟通的桥梁。再次，开辟"微窗口"，促进民族工作精细化管理。针对少数民族群众的就业、生活服务、风俗习惯等方面的需求，在少数民族人数比较集中的社区开通"少数民族绿色服务通道"，设立"有形窗口"为各民族居民提供"一站式"便捷服务。设立"个性窗口"，帮助居民照顾儿女和老人，解决他们的后顾之忧。建立少数民族志愿服务队等"自助窗口"，调动少数民族居民的奉献热情，实现自我帮扶。最后，打造"微平台"，实现多元服务常态化。通过构筑个人提升平台、就业创业平台、交流交融平台、志愿反哺平台四大类平台，健全服务体系，提升少数民族服务管理水平。

第三，"两网融合"及时化解社区矛盾纠纷。宁波XY社区作为典型的城市多民族社区，社区人口结构复杂，各族居民文化背景差异大，产生矛盾冲突的可能性也随之增加，在居民矛盾调解尤其是不同民族居民之间矛盾的调解工作任务量大。社区通过建立"两网融合"机制提升社区矛盾调解的效率，按照"规模适度、无缝覆盖、动态调整"的原则划分成11个网格，将综合治理、党建文化、公共安全、社会事务等8大类32项管理事项落实到网格中，充分发挥党支部书记、党员活动小组长网格协调员的作用，使"党建网格"与"社会治理网格"深度融合，以最快时间、最近距离、最小成本在网内及时处理突发事件和调处化解矛盾纠纷。

第四，"花开共融"培养包容型社区环境。宁波XY社区通过各种举措建立包容型的社区环境，促进各族群众实现社区融入，并进一步培育各族居民社区认同与社区共同体意识，培育社区凝聚意识，推动相互信任、有机团结。首先，开展"花开共融"活动，帮助少数民族学生融入社区与社会。通过"党建+民族"，建立"民族工作联合党支部"，搭建"石榴籽民族党建工作室"，培育优秀少数民族"代表人士"，吸收加入党组织，充分发挥少数民族党员的先进性和先锋作用，实现组织融入。开办民族学校，开展知识讲座、法治宣讲，促进少数民族学生思想融入社区。以传统文化、"我们的节日"为抓手，与新疆班学生共度节庆活动，促进文化共融。搭建双向服务平台，为新疆班学生提供就业指导，引导学生参与志愿服务，促进少数民族学生融入社会。其次，打造交流交融平台为提升社区包容性和凝聚力提供可行抓手。以传统文化为重点，开展以"民族和谐其乐融融"为主题的节庆文化活动，与维吾尔族师生共度"古尔邦节""元宵节"等各民族传统节日，为各民族同胞提供多种类型的才艺、服饰、民俗文化展示的平台。如举办宁波市首届民族广场舞大赛，成立灵山学校少数民族足球队等，促进各族居民的交流与交融，传递民族正能量。最后，挖掘先进典型，包含了汉族、维吾尔族、土家族、水族等多个民族，涵盖了医生、教师、企业骨干等多个行业人员，先进典型为推动社区民族团结进步工作做出积极贡献，激励各族居民共同维护民族团结，促进各族群众相互沟通，增进感情，推动社区成为各族群众安居乐业的幸福家园。

第三节 南京 TYJ 社区

南京 TYJ 社区位于建邺区，成立于 2003 年 5 月，东与积善社区交界，西至乐山路，南至应天大街，北至积贤街，占地面积约 22 万平方米，现有居民 1800 户，人口约 5300 人，其中回族居民 238 人，满族 9 人，土家族 3 人，苗族 1 人，傣族 1 人，白族 1 人。南京 TYJ 社区属拆迁安置的老旧小区，回族居民大都是由七家湾拆迁安置而来，是南京市回族人口较为集中的社区之一，且社区内老年人和困难群体较多。近年来，在市、区民族宗教局的关心指导下，TYJ 社区认真宣传和贯彻落实党的民族政策，努力为各族群众办实事，通过抓组织、抓宣传，聚人心，促进稳定和谐，为社区民族团结发挥积极的作用。社区在党建引领下针对少数民族群体、困难群体和老年群体提供多样化和精准化的社区服务，先后获得了"省绿色人居环境社区""省民族工作示范社区""市和谐示范社区""市充分就业社区""优秀基层党组织""区优秀社区"等荣誉 20 多项。

近年来，南京 TYJ 社区打造了三个平台，即微爱帮扶社平台、智慧养老平台和福惠时间银行平台，汇集来自社区居民的各方面问题，及时对接社区工作，满足群众需求。其中最典型的做法是通过时间银行的形式，整合社区内的资源，调动社区各族居民参与社区工作的热情和责任心。

第一，微爱帮扶社是由社区充分整合辖区资源，实行社企联合，积极为居民开展帮扶活动的社区服务组织。社区结合居民需求成立"一元早餐""主妇帮""洗衣房""编织社""义务巡逻队"等服务团队，与建邺区妇联等部门合作,由党员和社区内各民族志愿者作为主要工作人员从事帮扶工作,开展结对共建、志愿帮扶活动。社区还成立了由南京锦文物业公司赞助与社区党员干部群众捐助的"社区微爱帮扶金",帮扶社区的少数民族困难家庭和困难居民,动员更多的企业、爱心人士以及大学生志愿者参与社会帮扶活动,让社区困难居民得到除政府帮扶之外的社会援助。

第二,针对TYJ社区老年人口居多、老龄化问题严重的现象,社区在当地民宗部门的资助下,搭建了智慧养老平台,解决社区内的养老问题。社区首先做好信息收集与记录,在智慧养老平台中为所有独居孤寡的老人建立档案。其次,为每户独居老人和孤寡老人安装"一键四通",运用互联网、智能呼叫等技术,当独居老人在家中出现身体不适、生活不便等问题时,足不出户便可以呼叫社区,获得远程医疗服务。当老人使用"一键四通"时,社区网格员、志愿者、居家养老工作人员都可以第一时间接收到信息,及时到达老人家中解决问题,保证养老服务的效率,解决外出工作子女父母养老方面的后顾之忧。智慧养老平台的建立获得了社区居民的认可和支持,提高养老服务的便捷性和灵活性,促进居家养老服务质量的持续提高,也有利于提升居家养老服务的工作效率。

第三,开设"福惠时间银行",让时间产生交换价值,把服务变成互助合作,盘活社区内多元资源服务养老产业。所谓"时间银行"就是志愿者将自己提供服务的时间储存进去,未来需要别人向自己提供服务时,用储存的时间兑换,存"时间"兑换"养老钱"。为保证兑换公平公正,"福惠时间银行"特别提出了存服务与服务价值对等的理念,即志愿者在时间银行存的服务不以时间和次数为依据,只与价值相关,例如,上门探望老年人每3户积1分,修理小家电每次积1分。明晰的标准能够鼓励更多的志愿者更长久地参与。福惠时间银行自2016年4月正式成立以来,由微爱桃园志愿培育社负责运营,采取社区、社工、社会组织"三社联动"方式来推动，设有专职人员7名，负责招募团队，收集需求分派任务，以及志愿者团队10支共375人负责按需服务、结对服务。时间银行下设14支为老服务队，有万家帮、煮妇帮、洗衣房等，每支队伍都有几十个老人参与，年纪小的老人帮助年纪大的老人。"福惠时间银行"的设立能够有效扩展服务队伍，社区内年纪相对较小的老人都可以成为潜在志愿者，从而充分调动起社区内部的人力资源，充实服务队伍。这样，时间银行的志愿者可以减轻专职工作人员的工作压力，节约运营成本，也间接降低了政府为老服务成本，同时也降低了老年人购买养老服务的支出，还能够使社区邻里关系更和谐，社区、居民更加贴近。时间银行自成立以来，在为老、为小、扶困、助残等方面做出了大量的服务工作，存储时间超过10万小时，目前支出2万小时；服务对象超过600人，服务人次超过5万人次。

与此同时，TYJ社区的社区治理也显示出了较强的制度建设能力，主要表现为针对社区内回族群众人数相对较多且经济相对困难的问题，制定了一系列具有自身特色的社区民族工作制度，来确保开展民族工作。比如，制定了社区回族群众帮困服务制度、回族群众建言会制度、学习联谊制度、信访接待制度、民族工作例会制度等相应的工作制度，使得社区开展民族工作有规可循、有章可依。社区工作始终把增进民族团结、促进发展和维护社区稳定作为根本目标；把民族政策法规和民族团结进步以及改革开放、社会主义现代化建设的宣传教育，作为开展社区民族工作的重要内容。社区不仅对各族居民开展《城市民族工作条例》《江苏省少数民族权益保障条例》的宣传活动，提高社区干部群众对做好民族工作重要性的认识，还通过居民活动室、宣传栏、上门走访、召开回族群众座谈会、联谊演出、民族政策宣传月、市少数民族文艺汇演等活动形式，营造浓厚的民族团结进步氛围，激发各族居民积极投身民族团结进步工作。

第四节　宁波 XS 社区

宁波 XS 社区总面积约 8 平方千米，地处城乡接合部，是典型的转制社区。社区与宁波市高新区、鄞州区接壤，紧邻小港工业西区、国家高新科技园区及鄞州五乡工业园三大工业区，有华生国际家居广场、滨江汽车城等 300 余家企业。社区特殊的区位优势，带来了大量的就业机会，而且生活成本相对低，吸引周边的流动人口大量涌入区域内的新建村、新棉村、新模村、新政村和新权村 5 个行政村，据统计，社区有外来人口 20000 余人，常住人口 4890 人，共计 25000 余人。其中外来少数民族流动人口 1651 人，包括土家族、苗族、布依族、彝族等 24 个民族。

大量外来人口长期居住于宁波 XS 社区，这些群众大多从事紧张的生产工作，使得流动人口随迁子女经常出现无人管、融入难、成长烦恼多、心理素质差等问题，因此社区把流动人口子女入学问题作为社区治理工作的重点内容。近年来，社区牢牢把握"共同团结奋斗、共同繁荣发展"的主题，以"民族同心、呵护未来、促进和谐"为目标，以"四微"建设为抓手，以"五个一"为载体，广泛宣传、多元服务，从引导少数民族流动人口第一代适应本地生活到关爱少数民族下一代健康成长，增进各民族间的交往交流交融，建设"社区大家庭"。XS 社区还通过建立民族工作领导小组、民族共建网和一个"微热线+"的综合平台来进行社区治理的工作。其中 1+N 民族共建网，是结合宁波市"四个平台"综治网格化的管理模式，民族工作除了在 5 个行政村建立网格外，还涉及农业基地、企业、学校等领域，许多少数民族群众都担任了网格长、组员，在开展民族工作时起到联络员的作用，使得民族工作扎根到社区内的方方面面。"微热线+"是将所有线上线下的平台整合成一个综合服务网络，各族居民可以通过平台解决所有服务上的需求。

此外，XS社区的社区服务能力较强，集中体现在以少数民族流动人口子女为切入点做好流动人口服务。自2007年，就在当地开展了民族工作进校园活动。2014年XS社区成立后，逐渐发展成"56小花"品牌，切实从各族未成年人家庭、生活、学习等方面进行全方位的关爱。其中"56"指XS社区民族工作涵盖所有民族的青少年，又取宁波方言"五老"的谐音表示关爱少数民族下一代工作首先由"五老"发起。小花代表充满希望、朝气蓬勃的各民族未成年人。社区秉持"共生共建共享共融，和乐和睦和顺和谐"的工作理念，为各民族未成年人提供服务、解决困难。

与此同时，社区还构建了以"家庭成长、学校提质、农村融入、企业体验、社区服务"为核心的"五位一体"未成年人健康成长体系。第一，成立"56小花"关爱基金会，遵循"以奖代扶"的理念，在帮扶学生的同时培养他们独立自主的习惯。此外，社区还成立了56小花欢乐吧，这是一个集学习型组织、文娱型组织和服务型组织于一体的组织，为学生提供学习机会，丰富课余生活。基金会采取了"公益+成本"的模式，社区专业项目通过民政局资金补助和基金会自身两个途径获得资金，并对有条件的对象收取一定成本费避免公益资源的浪费。第二，开设交流直通车，通过线上和线下的家长联谊会和建立家长微信群实现亲朋联谊，增进家庭与社区的互动；同时还成立家长学校，定期邀请专家、教师对家长进行亲子教育，提高家长们的教育能力；此外，还建立"56小花"亲子社，让各个家庭参与田园采摘、趣味生活赛、美好视界等活动，传递亲情，培养良好的家庭关系。第三，开设"56小花"农夫体验营，依托区域内丰富的农业资源，设置不同的水果、花木、蔬菜等体验基地，根据四季主题设计丰富的活动，让青少年近距离感受风土人情，培养他们热爱劳动、珍惜粮食的品德。成立"56小花"春泥团队,由"五老"护苗队、社会组织骨干、共建单位爱心人士、万里学院学生志愿者、退伍老兵等成员构成,为青少年解决日常生活问题,在互动中形成和谐包容的邻里关系。第四,建立"四个一"阵地,包括民族融合馆、民族文化墙、民族风情长廊和民族宣讲队,向青少年直观生动地展现各民族风情和民族知识,培养青少年对中华民族和中华文化的认同。建立民族联谊站开展不同的活动为青少年创造机会展示民族才艺来树立他们的自信心。开展"手拉手"活动,如慰问老人、探望环卫工人、爱心义卖等,培养青少年乐于助人、尊老爱幼的人格意识。第五,建立孝德基地,带青少年参观父母工作的环境来培养感恩意识。区域内企业开设岗位,让青少年通过不同的岗位体验发现自己的职业兴趣,对他们的人生起到启蒙引领的作用。成立"红石榴"企业家爱心联盟为贫困学子提供经济等方面的帮助。"五位一体"的下一代健康成长体系,从各族未成年人家庭、生活、学习等方面进行全方位的关爱,赢得了各民族群众的高度认可,也获得了2018年度全国统战工作实践创新成果奖。

第五节 北京 ADLB 社区

北京 ADLB 社区位于德胜街道南部,紧邻德胜门,有 300 多年历史的法源清真寺坐落在社区内。辖区面积约 0.13 平方千米,有常住人口 1393 户,约 3757 人。社区内有包括汉族在内的 15 个民族,其中回族居民有 286 户,是社区内人口最多的少数民族,少数民族人口比例是 15.43%,是典型的一个少数民族散杂居社区。社区共有 7 个楼房院、3 个平房院,社区周边有西城区民政局、西城区疾控中心、法源清真寺、北京市七中等 8 个驻区单位。其中北京七中作为民族团结校,积极帮助社区开展民族工作。社区 2007 年被北京市正式命名为民族团结社区,曾多次被评为西城区先进社区以及北京市模范集体。

北京 ADLB 社区在城市民族社区治理能力评估中，表现出了较强的社区凝聚能力。习近平总书记明确指出，"加强中华民族大团结，长远和根本的是增强文化认同，建设各民族共有精神家园，积极培养中华民族共同体意识"①。ADLB 社区通过找准切入点，凝聚开放包容的社区精神，突出文化引领，凝聚共学共乐的城市氛围，从而凝聚社区居民共识，打造共有的精神家园。

第一，提炼开放包容的社区精神，为共有精神家园打牢"共有"基础。社区在日常工作中，尊重差异，而不是固化、强化差异，塑造开放、包容、多元的社区特质，增进各民族彼此间的相互沟通和相互了解，增强各族居民对城市的认同感、归属感，消减民族间的隔阂、矛盾和冲突。ADLB 社区将"德邻文化"作为社区各族居民共享的精神理念，培育各族居民家园情怀，引导各族居民成为"有德有为之人"，相伴为邻、和睦共处，从外到内、由标及本增强各族居民的认同感。

第二，借助创建活动，将开展民族团结进步教育和弘扬共享的社区精神结合起来。开展民族团结系列主题教育活动，将铸牢中华民族共同体意识落实到实体活动中，积极探索和打造社区各民族群众积极参与、共治共享、教育提高的实践平台。立足社区各民族群众实际需求，以文化引领、民生服务、权益保障和共治共享为切入点，以丰富多彩的民族团结教育活动为载体，发布实施涉及民族文化、体育、教育、健康、美食等多个领域、多民族参与的"民族团结惠"活动项目，鼓励各族居民踊跃参与，营造多民族和谐共居的良好氛围。积极发挥民族社团、社会公益组织及公共文化平台作用，增强宣传教育的广度和深度，不断增进全体居民"互相尊重，和谐共处"的共识。还通过开展消防演练、

---

① 国家民族事务委员会. 中央民族工作会议精神学习辅导读本 [M]. 北京：民族出版社，2015：115.

为老人免费义诊、斋月时为老人免费送午餐、捐款捐物等活动，为弱势群体和生活困难的居民提供服务，并鼓励社区内居民互相扶持、互相帮助，以形成和谐友爱的邻里氛围。

第三，把握好群众生活阵地，利用好各种媒体，开展大众化交流活动。立足社区各族居民的需求实际，依托社区文化平台，开展社区文化艺术节、和谐邻里节、邻里守望节等文化活动，积极邀请少数民族流动人口上台表演特色文艺节目，丰富社区居民的精神文化和娱乐生活，让邻里之间彼此认识了解，进而相互帮助、相互关怀，逐渐消除彼此之间的距离感，从而增强各族居民的幸福感和认同感，构建民族团结的和谐社区氛围。每年3月到5月开展民族知识宣传月活动，充分挖掘、整合地区民族团结教育资源，宣传不同民族的文化知识，以惠及各族群众生活为首要目的，秉承人文化、大众化的理念，以广播、讲座、游戏、表演等线上线下多种形式吸引各族居民参与，增进各民族居民之间的交往交流、和睦相处，引导各族群众树立中华民族大家庭意识。

除了社区凝聚能力，ADLB社区的依法治理能力也较为突出，在社区治理中形成了依法治理的环境氛围。其社区法治化水平较强，主要体现在社区居民的法律认知能力强、法治素养高以及社区法治环境较为成熟，这三者密不可分、交互作用、层层递进。

首先，社区构建了具有针对性的法律普及机制，面对来自不同地区、不同民族的居民的法治需求，以"塑造"而不是"灌输"作为工作重点，以各民族居民喜闻乐见、易于接受的方式调动他们的参与性，如建设少数民族法治宣传长廊（法治宣传角），印发民族法治手册等，对各民族居民进行法律知识和法治意识的宣传，潜移默化提升居民的法律素养。除此之外，ADLB社区还重点宣传普及了与少数民族流动人口相关的社会保险、医疗保险、劳动保障等民生方面的法律和政策，注重对各族居民生活的关心，从生活细节中了解居民对法律的感受，关注各族居民对法律的需要，从而构建起社区各族居民对法律的有形感知，用法律解决他们面临的实际困难。

其次，构建社区居民理性行为引导机制。社区与律师事务所、法院及检察院等部门进行联合，将法律志愿服务引入社区，吸纳各民族成员组成法律志愿者队伍，对于语言不通的居民，志愿者以他们能够理解的方式进行讲解。志愿者在为居民提供法律服务的同时，给居民讲解法条、普及生活案例，教会他们如何在实际中运用法律来维护自己的权利。让各族居民切实体会到法律服务就在身边，将问题在社区中就地解决，避免产生更大的矛盾。

最后，构建社区法治环境优化机制。注重居民中的代表人物如社区工作者对整体法治氛围的引导，因为活跃在社区治理一线的社区工作人员的法治素养，会直接影响居民的法律认知以及对他们的信任。因此，ADLB社区尽可能要求社区工作队伍年轻化、专业化，并经常对社区工作者进行系统培训，提升其法治素养，让他们带头学法、知法、守法，为社区树立良好的榜样。此外，ADLB社区通过完善社区民族工作联席会议机制来构建社区法治环境，不断对相关制度机制进行完善，充实联席会议组成人员，让更熟悉本民族历史和文化的居民以及少数民族居民中有影响力的代表人士担任联席会成员，推动联席会议机制的制度化、规范化和精准化，以常态化的会议机制保证少数民族代表对社区事务和社区治理的参与。

第六节　西宁 CY 社区

西宁 CY 社区是青海省西宁市城东区东关大街街道下辖的社区，总户数达 2378 户，总人数 5351 人，其中回族、藏族、撒拉族等民族共有 403 户 1912 人，占总人口的 32%。长期以来，社区多举措加强各民族交往交流交融，共同繁荣发展，培育打造各类载体和平台，曾获过抗震救灾社区、西宁市民族团结先进集体、西宁市民族团结示范社区等多种荣誉称号。

从社区治理能力指标体系来看，西宁CY社区的优势主要体现在社区服务能力、社区包容能力和社区参与能力。CY社区以党建为引领，建立了民族团结理事会，向社区居民宣传党的民族政策，调解邻里矛盾，建立"党小组+业委会"模式，鼓励居民参与小区日常事务管理。同时，推行网格化管理模式，把管理服务的触角实实在在伸向社会末端，在此基础上打造了具有当地特色的"红管家"工作模式，拉近居民与网格员之间的距离，进一步细化了社区治理格局。CY社区还针对不同居民群体的利益，成立了妇女议事会、社区少先队大队、志愿服务队等服务团体，针对不同的群体，尤其是弱势群体提供更加精细化的服务。此外，通过调查，我们也发现了CY社区表现出了较强的社区服务能力，能够实现公共服务的精准化供给。CY社区主动安排公共服务事宜，每年制定社区工作内容和活动安排，每年年底定期对工作进行总结反思，将公共服务工作做到实处。

第一，CY社区以良好有序的制度、专业的人才队伍以及高质量的社区居民参与为支撑，充分发挥了网格化管理的优势。CY社区设有5个网格，每个网格有500~600户，网格员作为一个公益性岗位，扮演着信息员、情报员和群众服务员的角色，对辖区工作、居民生活情况十分熟悉，负责维护社区安全、和谐与稳定的任务。此外，为分担网格员的工作压力，社区还安排居委会委员从中协助，并设置楼长、居民小组组长负责定期向网格员反馈居民的需求与建议。社区通过制定奖惩制度如评选先进个人来提升网格员、楼长等工作者的积极性。CY社区地处老城区，辖区内的无物业管理楼院占到80%，人口密集、构成多样。为进一步做好网格化管理工作，解决底数不清、物业管理难、服务不到位等问题，CY社区开创了"红管家"联防责任制，推选来自各民族的26名责任心强、热心服务群众的党员和优秀志愿者担任"红管家"，并且以"红管家"为纽带,将辖区居民串起来,积极探索优化网格设置,进一步提升服务水平,在居民和网格员之间架起了一座桥梁,进一步细化了社区治理格局,实现了"小事不出楼院,大事不出网格"。在管家队伍的建设上,CY社区本着就近、集中的理念,坚持"家庭不和睦的不选、能力素质不达标的不选、德行情操不过关的不选"的原则,保证选出的管家既是社区的"红人",也是管家的"能人",有效打通了基层党建为民服务的"微循环"。"红管家"将服务做到了居民的家里,把综合治理细到了网格里,做实服务内容,社区居民的幸福感、获得感得到了有效的提升。

第二,CY社区居委会针对社区民族构成多、困难群体多、出租房屋多、流动人口多的实际,于1993年成立了全省第一家"民族团结理事会"。通过选举各民族居民代表组成理事会,依托民间社团形式,以宣传党的民族政策为主要工作,此外,凭借民族团结理事会的威望能够及时协助居委会调解邻里矛盾和涉民族因素纠纷。

第三,CY社区设有10支志愿者服务队,服务内容各不相同,包括文化服务、环境保护、关爱老人、关爱未成年人、帮扶救助、治安巡逻、文明劝导、义诊服务等项目,长期开展形式多样的志愿服务活动,推动了和谐社区建设。

除了社区内部提供的公共服务以外,CY社区还引进社会组织参与公共服务的供给,如引进"幸福餐桌",主要解决空巢老人的吃饭问题,解决了年轻人的后顾之忧,让老人们享受到政策的优惠和生活的便利。CY社区与辖区单位之间也保持着密切的工作联系,订立了党建联系制度,形成合作合力,为社区提供多样化服务,共助共建做好社区服务。

与此同时,CY社区还体现出了较强的社区参与能力,为社区居民参与社区活动和公开表达提供了良好的制度环境和文化氛围。

第一,CY社区根据实际情况,在辖区内设置了"家庭小党校",

长期组织党员学习、举办活动，着力推进各种党员学习教育常态化、制度化，把"家庭小党校"建在党员家庭，充分发挥党员居民在社区治理过程中的先锋模范作用。

第二，CY社区以基层党建工作带动社区治理，在业主委员会建立党小组，将热心服务群众、工作认真负责、群众威信高的在职党员和社区党员推荐为党小组成员，通过推行"党小组+业委会"模式，调动辖区居民参与协商议事的积极性，真正为居民解决实事。这套工作模式实行以来，党小组已经完成协助业委会管理小区日常事务、清理院内垃圾、安装门禁系统、协调解决小区问题、调解居民纠纷、收集居民意见建议等工作。

第三，CY社区积极完善民主议事、民主决策、民主评价等制度，建立"居民议事厅"，定期召开民情恳谈会、党群联席会议、居民代表大会，共同探讨解决社区公共卫生、老年人服务、"民生微实事"等热点、焦点、难点问题，集中精力抓党建、抓治理、抓服务。

第四，2020年，西宁CY社区组织人大代表、政协委员、社区女党员、女干部、女居民代表等9人成立"妇女议事会"，建立健全妇女议事会制度，以"党政决策建言建策、妇女发展献计献策、维护权益出谋划策"为中心，遵循议题公开、过程公开、结果公开的原则，采取身边事现场议、疑难事上门议、突出事专门议等形式，维护居民权益，化解居民日常矛盾纠纷，保障辖区妇女权益，帮扶弱势群体。每个议事会活动中，成员们积极发言，发表见解，共同为妇女权益问题建言献策。街道和社区妇联以此收集更多来自辖区妇女的意见和建议，更好地发挥议事会作用，共同维护妇女权益，为街道妇联工作多出一份力。2020年，CY社区妇女议事会共商议3个主题，提出合理化建议4条，为民办实事5件，帮助20多名辖区妇女掌握了就业技能，提升了社区和谐指数。妇女议事会拓展了妇女参与基层治理的平台，妇女群众的荣誉感、归属感增强。CY社区妇女议事会能够及时捕捉解决妇女群众中带有普遍性、倾向性、突发性的问题，增加妇女议事的成就感，更好地发挥妇女半边天作用，为基层治理注入新活力，凝聚基层治理"她力量"。

第五，CY社区于2019年成立了西宁市首家社区少先队大队。少先队大队由东关大街街道团工委牵头，按照团区委和区少工委对少先队的工作要求，辖区内的30名少先队员打破现有学校和年级界限自愿加入社区少年儿童组织，少先大队辅导员由社区党支部书记、团支部书记、辖区居民代表等担任。社区少先队大队结合本地区少年儿童实际，开展寓教于乐的活动，丰富和活跃辖区少年儿童校外生活，做到思想道德教育与少年儿童身心发展需求的融合统一，营造社区少年儿童人人争做四好少年的良好氛围，同时为西宁市进一步完善和落实学校、家庭、街道（社区）三位一体的未成年人思想道德教育机制做出了积极的探索。

此外，CY社区在社区包容能力上也表现出了较强的水平。社区充分利用各民族传统节日作为载体，开展各种文化联谊活动，如百家宴等，将各类民族非遗文化汇集于社区，加强了各民族间的互通、互学，增强居民的社会接纳能力，拉近了民族情感。邻里之间也形成了守望相助的友爱氛围，居民之间不仅能够和谐相处，还经常能够自发地组织起来对生活上有困难的邻居给予帮助和照顾，民族团结意识已经深入人心。

第五章

城市民族社区治理能力的影响因素

提升城市民族社区治理能力，推进城市民族社区治理现代化有必要深入探讨和分析社区治理能力的影响因素。我们以元治理理论为研究视角，将社区治理能力定义为在社区党组织的领导下，以居委会为主导，各族居民、社会组织和市场组织等多元治理主体通过对话协商、合作共治的方式参与社区公共决策，处理社区公共事务，以增进社区福祉的能力。社区治理能力既是多元主体自身能力的有机整合，也是对多元主体协商合作能力的考验，同时提升社区治理能力的最终目的还是要增进社区的福祉。其中，多元主体自身能力和协商合作能力是以过程为导向的，增进社区福祉则是以结果和绩效为导向的。在实际探讨影响因素时，应该统筹兼顾，既注重制约多元主体发展和协商合作的因素，也注重客观环境要素对社区治理绩效的影响。由于制约多元主体参与社区治理的因素主要是公民意识不强、自身素质不高或参与空间受限，制约协商合作的因素主要是治理结构、协商机制等，能够通过各种途径实现改进和提升，本研究将其归类为主体因素和结构因素。而影响社区治理绩效的环境要素则大多是居民结构、居住格局、受教育程度、收入水平、宗教信仰等要素，难以从社区层面使其改变，且在较长一段时间内这种情况都不会发生大的改变，本研究将其归为环境因素。

基于此，本研究将从主体维度、结构维度和环境维度探究城市民族社区治理能力的影响因素，其中主体维度主要从社区党居（党组织和居委会)、社会主体、市场主体和驻区单位参与社区治理的意愿和能力展开探讨。结构维度主要探讨多元协同网络、资源链接机制和议事协商平台对多元主体协商合作的影响。环境维度主要研究宏观的民族政策、政府支持力度和地方经济实力,中观的社区民族构成和居住格局以及微观的社区居民受教育程度、收入水平、宗教信仰等对社区治理绩效的影响。

第一节　主体维度

在城市民族社区中,主体维度的影响因素主要体现为党政力量、社会力量和市场力量参与社区治理的意愿和能力。

一、核心力量:社区党组织与居委会

(一) 社区党组织

城市民族社区是新时代城市民族工作的重要场域,是党和国家的民族政策、民族理论贯彻落实的基础保障,是加强民族团结、促进社会和谐的重要支撑,这对作为基层领导核心的社区党组织提出了更高的要求。在城市民族社区中,社区党组织是社区各类组织和各项工作的领导核心,通过政治领导、价值引领、利益协调、组织嵌入、资源链接等方式全面领导社区治理工作。社区党组织自身的工作理念和工作能力是影响城市民族社区治理的导向性因素,制约着城市民族社区治理能力和治理实效。

一方面,在城市民族社区中,社区党组织能否准确把握党和国家关于民族关系、民族理论的相关论述和政策,影响着社区治理中各类组织的工作导向,进而对社区内民族关系、社区和谐稳定都产生着潜移默化

的影响。具体而言，在一些少数民族流动人口大量涌入而自发形成的城市民族社区中，社区工作人员之前并未系统接受过民族理论和民族政策的相关知识培训，对处理民族关系和涉民族因素矛盾纠纷等所需要的基本理论知识较为欠缺，在前期摸索过程中可能会出现一些工作偏差，影响社区党组织在社区中的领导力和威信。

另一方面，基层党组织一定程度上在社区治理中扮演着元治理者的角色，因此，社区党组织的自我定位决定了它会如何将自身党组织建设与社区治理相结合，以及会通过何种途径扮演好元治理者的角色，即社区党组织的服务能力。社区党组织参与社区治理的手段选择影响着城市民族社区治理能力，影响着城市民族社区的治理实效。具体而言，建设服务型党组织是当前社区党组织建设的重要方向，通过服务型党组织建设能够更好地实现服务群众、凝聚群众的目标，能够提升社区党组织在基层社会的领导力和威信，进而增强社区服务力和社区凝聚力。而社区党组织无论是通过命令、安排等直接手段参与社区治理，或是通过组织嵌入、资源链接、政治动员等间接柔性手段参与社区治理，都影响着社区的资源整合能力、矛盾调解能力和社区自治能力等。

（二）社区居委会

社区居委会作为基层群众自治组织和"国家在基层社会的代言人"，具有自治性和行政性双重属性，居委会对于自身的角色定位以及关于社区的治理理念是影响城市民族社区治理能力的重要因素。

一方面，长期以来，在社区治理中居委会通常被视为国家政权在基层社会的延伸，居委会的角色不断行政化、内卷化，这导致在大多城市社区中居委会的行政工作不断增加，社区居委会在日常工作中花费大量时间用来完成上级交办的任务，居委会的自治性不断弱化。居委会作为群众自治性组织用于引导社区居民自治、服务各族群众的时间和精力被不断挤占，陷入行政化困境，导致居委会在社区治理进程中出现脱离群众的倾向，同时社区居民对居委会的感知度、满意度也逐渐下降，影响着城市民族社区的社区服务能力和社区自治能力、社区参与能力等。

另一方面，对于治理理念的不同认识使得社区居委会对社区治理持有不同的价值导向，影响着社区工作人员的工作思路和工作方式，进而影响了社区治理能力。尤其在城市民族社区中，有些社区在日常工作中容易不经意间过多地强调差异，比如，为少数民族居民办事开设特殊窗口或者设立"少数民族之家"等将民族工作独立化，或以"少数民族文化节""少数民族风情节"为名举办民族团结进步教育活动，将少数民族居民从社区整体中剥离出来，不知不觉中强化了差异，制约了社区包容能力和社区凝聚能力。此外，还有一些社区没有将民族工作嵌入社区日常工作中协同开展，而是"另起炉灶"，未能较好地"借力发力"，既导致了社区民族工作成效平平，也给社区工作人员带来了额外的负担，造成了人力、物力资源的低效率使用。换言之，社区工作人员在日常工作、活动中要么对民族因素关注不够，要么对社区民族工作的认识比较粗浅，总是"为了民族而民族"，缺乏统筹协作能力，使得社区民族工作难以整体推进，制约了社区服务能力、资源整合能力。

二、社会主体：社区居民与社会组织

（一）社区居民

当前城市民族社区中，社区居民在参与社区治理过程中存在"社区治理是政府的事""自己在社区治理中发挥不了作用"的认识偏差，同时协商合作、政治参与能力有限，制约城市民族社区治理能力提升。

具体而言，一方面，城市社区经历了社区服务、社区建设和社区治理三个发展阶段，在传统社区管理体系中，居民习惯于政府包办和接受管理，对社区公共事务缺少关心，将社区治理视为社区党组织、居委会或是上级政府的职责，忽视了自身对于社区建设和发展所承担的责任。

而在传统基层管理体制中，公共部门也习惯于以直接的手段干预社区治理，社区居委会不断行政化、内卷化，成为政府在社区的代言人。社区党组织、居委会引导居民参与和居民自治的意识不强，未能为各族居民提供参与社区治理、锻炼自身能力的平台和机遇。近年来，尽管社区管理向社区治理转变，居民参与越来越被重视，社区党组织和居委会通过培育社区社会组织、搭建居民议事平台等形式，逐步强化社区居民参与社区治理的责任意识，提升各族居民参与社区治理的能力水平，但观念转变和能力培育并非短时间内能够实现，当前城市民族社区中各族居民的参与意识仍有待加强，制约着社区参与能力和社区自治能力的提升。

另一方面，城市民族社区中，各族居民骨干的纽带作用明显，呈现出"居委会—居民骨干—各族居民"的关系链条，且往往居民人数占比较多的民族会更乐于参与社区治理以表达自身利益诉求，而人数较少的民族的居民则倾向于认为自己势单力薄，无法影响社区公共事务与公共决策，逐渐脱离社区生活。各族居民对参与社区公共事务的认识和积极性较大程度上受制于居民骨干和居民人数，不同民族的居民对于参与社区治理的积极性和有效性存在不一样的认知。在城市民族社区中，这类对于社区参与的认识偏差既较大程度上损耗了各族居民参与社区治理的积极性，影响着社区参与能力和社区自治能力，又在一定程度上在不同民族的居民之间产生"人多势众"和"势单力薄"的落差感，一定程度上消磨了城市民族社区中平等友爱、团结互助的社区氛围，影响着社区包容能力和社区凝聚能力。

此外，在长期的社区管理中，上级政府部门、社区党组织和居委会在社区自治中扮演了主导角色，社区居民参与社区公共事务大多停留在浅层次、被动式的形式化参与。各族居民在被动卷入社区治理的过程中，由于缺乏锻炼机会与平台，既较少对社区公共事务决策产生实质性影响，又较难提升自身的协商合作能力，进一步制约着城市民族社区的社区参与能力、社区自治能力等。尽管随着治理理论的兴起以及公民意识的强化，社区治理中居民参与、居民自治已然被提升至重要地位，通过搭建参与平台、拓展参与渠道、向社区居民放权等方式，切实赋予各族居民参与社区治理的权利，成为促进居民参与的重要途径。但是，当前社区居民参与度较低，不仅是积极性不高和参与渠道缺乏的问题，而且是各族居民自身协商对话、团结协作能力有限和政治参与能力不高的问题。因此，提升各族居民参与社区公共事务治理的能力，成为扩大居民参与、促进居民自治的题中应有之义。

（二）社会组织

从社会组织来看，城市民族社区中主要包括通过政府购买、项目入驻的形式参与社区治理的专业社会组织和由社区居民组成的志愿队伍、文体团队、兴趣小组等社区社会组织。关于专业社会组织，他们通过项目入驻参与社区治理，以专业服务满足社区居民的多样化需求。当前我国社会组织在社区的文体队伍建设、为老为幼服务、特殊群体关怀、矛盾纠纷调解等领域发挥了重要作用，但一些政府部门或城市社区并未深入了解社区居民的真实需求，盲目地引进社会组织，导致需求与服务错位，社会组织既难以真正实现让居民满意，又无法在实践中提高自身专业能力、实践能力。而且大多社会组织参与社区治理仅停留在服务递送层面，参与社区治理与社区建设的主观能动性较弱。此外，竞争机制、考核机制的不完善，既可能遏制专业社会组织自我提升的发展空间，也可能导致社会组织弄虚作假应对项目审核以获取经费支持等违法行为的出现。

对于社区社会组织，通常是由社区居民骨干牵头而组成志愿队伍、文艺团体或是兴趣小组，组织中的大多数成员为社区内退休的中老年人或是家庭主妇。这些社区社会组织在丰富居民的社区生活、促进各族居民的交往交流交融的同时，也为社区居民锻炼协商合作能力和挖掘社区治理骨干提供机会。但是，在城市民族社区中，大多社区社会组织规模较小、组织架构比较简单、组织功能单一,还停留在发展的初级阶段,较难承接社区党组织、居委会下放的权力和任务,未能在城市民族社区治理中发挥合力。同时,社区社会组织内部管理和对外协商能力不足,导致社区中时常出现成员间因难以就某一问题达成一致而发生争吵、不同组织争抢公共场地等情况。因此,社区社会组织内部管理和对外协商能力不足使得社区社会组织不仅难以切实参与社区治理,还可能增加社区的内部矛盾冲突,对社区参与能力、社会包容能力和社区凝聚能力都产生影响。

三、市场主体:物业公司与辖区企业

（一）物业公司

物业公司是以为业主提供高质量服务和构建和谐社区为主要目标,为社区提供高质量、多样性服务的市场主体。在社区治理中,物业公司作为市场组织的专业性和逐利性影响着社区服务能力和矛盾调解能力。

具体而言,在社区治理中,物业公司作为为社区提供标准化、专业化物业管理服务的主体,受到业主、业委会、居委会以及政府部门的共同监督,以及《物权法》《物业管理条例》《物业管理合同》的共同约束。然而由于监督者缺乏有效约束手段,而法律约束又具有滞后性,因此在外部监管不足的情况下,部分物业管理公司会通过降低服务质量、推诿自身责任、提高物业费等方式,追逐公司利润的最大化。而服务质量降低、物业管理不到位、物业费用过高等则是引发业主与物业公司间矛盾的主要因素,这对城市社区治理的矛盾调解能力提出了更高的要求。此外,同样由于市场的逐利性,物业公司在选择入驻小区时,会将小区规模、新旧程度、物业收费难度等作为筛选标准,一些老旧小区、拆迁安置小区往往由于投入成本大、物业费收缴难、利润收益少等原因而无法招标到合适的物业公司。由于政府对社区公共服务负有兜底责

任，社区居委会通常需要以设置公益性岗位等形式，为社区提供简单的保洁、绿化、保安等服务，这对社区服务能力提出了较强的要求。

(二) 辖区企业

从广义上讲，辖区企业是指位于社区辖区范围内的各类非公有制企业、混合所有制企业和个体工商户等经济组织。在城市社区中，辖区企业通常以区域化党建为平台，以各类社区活动为契机，通过物资捐赠、志愿活动等形式支持社区建设与发展，进而获取自身参与社区建设与发展的合法性。辖区企业的参与意识和参与能力同样是影响社区治理能力的重要因素。

一方面，当辖区企业将社区参与视为一种任务或负担时，往往倾向于被动式参与，以配合者、游离者的角色浅层次、形式化地参与社区治理，难以与其他多元治理主体一起就社区建设与发展形成合力。而当辖区企业将自身视为社区治理的利益相关者，与多元主体就社区治理达成目标共识和利益共识，则往往会将社区参与视为切实影响社区决策的重要途径，并会在较大程度上与社区治理实现资源共享、信息共通、同频共振。但是并非所有社区的辖区内都有丰富的企业资源，不同社区之间在辖区企业资源上存在着较大的差距。

另一方面，辖区企业的参与能力也是影响社区治理能力的重要因素。例如，在城市民族社区中，清真餐饮店是较为典型的辖区企业，部分实力较强、管理先进的清真餐饮店不仅能够通过物资捐赠、志愿服务的方式参与社区治理，还能够发挥行业引领作用，引导邻近的清真市场主体共同参与社区活动，或是帮助社区开展清真食品规范自查自纠、少数民族流动人口管理服务等工作，大大提升了社区依法治理能力、社区服务能力和社区凝聚能力。但是，也存在一些清真餐饮店由于经营不善、管理不规范等原因，与社区居民或周围商铺产生矛盾纠纷，反而给社区的矛盾调解能力提出更高要求，并且给社区包容能力、社区凝聚能力带来消极影响。

四、驻区单位：党政机关与事业单位

以辖区内党政机关、事业单位为主体的驻区单位是参与社区治理的重要力量。在城市民族社区治理中，驻区单位往往依据单位自身性质，通过物资捐赠、场地支持或志愿服务等形式为社区活动提供便利。例如，在疫情防控期间，党政机关就会安排人员支持所在社区的疫情防控，跟随社区工作人员一起开展入户信息排查、核酸检测现场秩序维护、小区出入口值守等工作。区域化党建是推动驻区单位参与社区治理，实现共驻共建的重要形式，区域化党建的组织程度则影响着社区治理能力。

首先，驻区单位对区域化党建的参与积极性影响着城市民族社区治理能力。当前，部分驻区单位参与区域化党建的积极性不高，认为参与党建活动影响了其本职工作，出现敷衍应付的现象。还有部分行政级别较强的驻区单位，往往因为受传统行政思维束缚，不愿意参与社区党组织引领的基层党建工作。而社区党组织也因为行政级别方面的障碍而难以与这类驻区单位进行对话协商。驻区单位的认识偏差导致区域化党建工作难以发挥实效，进而对城市民族社区的资源整合能力、社区服务能力等产生负面影响。

其次，区域化党建的联动性影响着多元主体的协同程度，进而对社区服务能力、资源整合能力产生影响。部分城市民族社区通过组织联建、党员联管、资源联用、活动联办、服务联做来促进多元主体的协同联动，同时建立完善的协商议事机制，邀请社区党员代表和社会组织、物业公司、辖区企业、驻区单位的党组织成员一同参加，定期协调解决党建工作中的重要问题以及社区公共事务。

最后，区域化党建通过完善在职党员服务群众机制，健全考核评价

机制能够有效提升社区服务能力。例如，浙江义乌探索"十二分制"推动党员干部担当作为，分别出台领导干部、农村社区干部以及各领域党员"十二分制"管理意见，其中要求在职党员定时向社区报到，参与社区活动和社区服务。同时，由社区党组织定期向上级党组织汇报驻区单位参与共驻共建、在职党员参与社区服务的情况，并将这些情况纳入各单位年度考核以及党组织、党员的推优评选中，以考核评价倒逼驻区单位和在职党员参与社区治理和社区服务。

第二节　结构维度

系统论认为一个系统是处在某一环境下各组成部分的整体，各组成部分是系统的要素。但系统并不只是各要素的简单加和，而是通过各种组织形式将各要素有机整合。所谓结构就是将各种要素有机整合为一个系统的组织形式。在社区治理系统中，包含着社区党组织、居委会、社区居民、社会组织和市场组织等主体要素，人力、物力、财力和信息等资源要素，以及居民需求、环境需求等利益要素，它们通过各种组织形式进行有机整合，在社区治理实践中具体呈现为多元协同、资源整合和议事协商。组织形式决定了各要素有机整合的程度，进而影响着社区治理能力和治理实效。

一、多元协同网络

在城市民族社区中，多元治理主体通过有机整合以达成社区治理合力，社区治理网络以及多元主体间的权责关系都影响着社区治理能力和治理绩效。

（一）治理网络

在当前社区治理中，治理主体呈现多元化和复杂化的发展趋势，从最初的基层党组织、社区居委会和居民，逐步扩展到两新组织和辖区单位，形成了以基层党组织为引领，社区居委会负主要责任，社区居民、社会组织、市场力量协同参与的社区治理网络，而治理网络的包容性则影响着社区治理能力。

城市民族社区是各族居民共生共学共事共乐和交往交流交融的生活共同体，各族居民作为社区主人翁应当共同被纳入社区治理网络，参与社区决策和建设。其中，能否将流动人口、人数较少的少数民族居民纳入成为检验社区治理网络包容性的重要标准，也是影响社区参与能力、社区服务能力、社区包容能力和社区凝聚能力的关键因素。

具体而言，部分流动人口由于语言不通、文化习俗差异、对城市生活的不适应等原因而难以融入社区，更谈不上参与社区治理。而一些人口数量较少的少数民族居民，也可能会因为将自己错误定位为"弱势群体"，无法影响社区决策而逐渐淡出社区生活。如果社区党组织和居委会难以通过有效手段将流动人口、人口数量较少的少数民族居民这些群体纳入社区治理网络，不仅会对社区凝聚能力、社区包容能力产生负面影响，而且也影响着社区党组织和居委会的领导力与群众基础。

（二）权责关系

社区治理中，权责分配是根据社区资源、发展目标和社区特点等，在明确社区治理任务的基础上，系统梳理各治理主体的职责和权限的过程。社区治理的权责分配是否遵循权责对等原则，影响着社区治理能力和治理实效。权责对等原则要求治理主体拥有的权力与其所承担的责任对等，既不有权无责，也不无权有责。首先，合理授权是权责对等的首要条件，权力是治理主体履行职责的必要条件；其次，赋予责任是权责对等的必要约束，责任是约束治理主体行为、督促其履行职责的外在压力；最后，根据多元治理主体的特质赋予不同的职责是最大限度发挥社区治理优势的关键。

在城市民族社区治理中，明确各治理主体的地位和角色，理顺不同主体间的权责关系能够有效提升社区治理能力，推动社区治理现代化转型，而不恰当的权责关系通常是制约社区治理能力提升的结构性因素。例如，街道办事处对社区居委会之间存在纵向指导关系，掌握着社区居委会的财权，这使得居委会在受街道领导开展自治工作的过程中，承接了越来越多的行政事项，带有比较浓厚的行政色彩，居委会的行政事务与自治事务开始边界模糊，影响了社区服务能力和社区自治能力。同样，居委会和业委会作为社区自治组织，部分社区未对两者进行明确职责分工而出现相互推诿、无人管理或重复管理的情况。此外，责任是约束治理主体行为、督促其履行职责的外在压力。例如，在城市民族社区中往往通过政府购买、项目入驻等形式将社会组织、市场组织引入社区治理，旨在向社区居民提供多样化、专业化和高质量的服务。然而，如果缺乏合理的责任机制，则可能出现服务变形的情况，给社区服务能力带来负面影响。

二、资源链接机制

社区治理中，资源链接是指对不同来源、不同层次、不同特质的资源进行识别、配置和利用，以满足社区多样化需求的过程。其中，既强调最大限度实现对不同资源的识别与整合，也强调资源的最优化配置，即最大限度地回应社区多样化需求。

（一）资源整合

面对社区居民多样化的公共服务需求，整合社区内外资源，推动多元治理主体协作是提升社区治理能力的重要方式。在城市民族社区中，外部资源包括来自政府部门的政策支持、财政支持，来自社会组织和市场组织的专业资源、物质资源；内部资源既包括社区居民、社区精英这类人才资源，也包括社区所固有的社区精神、社区文化、社区历史这类无形资源。

良好的资源整合机制是实现社区内外资源最优化配置的基础保障，是破解城市民族社区治理中资源有限性与需求多样性矛盾的有效手段。资源整合机制的有效性则是影响城市民族社区服务能力与资源整合能力的结构要素。城市民族社区中，社区党组织在资源整合中起着重要作用，区域化党建则是推动内外资源整合的重要组织形式。具体而言，城市民族社区党组织按照区域统筹的理念，通过区域化党建统筹在辖区范围内统一管理党员队伍，通盘使用党建阵地，形成以社区党组织为核心，楼宇党支部、单位党组织为节点的网络化体系。在推动基层党建网络化、多元化、开放性、整合性发展的同时，也推动了社区对不同系统、不同类型的松散资源的整合利用，实现了辖区范围内的资源共享与信息共通，从而切实提升资源整合能力，精准对接社区治理需求，进而提升社区服务能力，最终形成较强的社区治理能力和较好的社区治理实效。

（二）需求对接

随着经济社会发展，社区居民的需求日益多样化和差异化，与有限的社区治理资源之间产生矛盾。尤其在城市民族社区中，不同民族的居民之间、社区户籍人口与流动人口之间、商业小区与拆迁安置小区之间，存在更明显的差异化需求。而破解资源有限性与需求多样性之间的矛盾，不仅需要推动社区内外资源的有机整合，更重要的是实现治理资源与居民需求的有效对接。否则，不仅造成有限资源的浪费，而且居民需求无法得到满足，对于社区的满意度、信任感也会进一步下降。因此，能否基于一定的组织形式或是运作机制促成不同主体间资源与需求的高效对接是实现资源最优配置的关键要素，进而也影响着社区服务能力。

多元治理主体间资源和需求的相互对接影响着社区治理，实现资源互享与需求互通是提升社区治理能力的有效途径。例如，部分城市民族社区采用"清单工作法"，建立"资源清单"罗列社区内外治理资源，实现对社区治理资源的全面整合与系统把握；建立"需求清单"梳理各族居民利益诉求，切实挖掘社区居民的多样化需求；建立"项目清单"，以项目化运作的形式持续推动资源和需求的有效对接，提升了资源利用效率，强化了城市民族社区的资源整合能力和社区服务能力。

三、议事协商平台

（一）议事协商

议事协商平台是社区治理中协调各方利益，进行民主决策，综合各方意见以达成目标共识、手段共识的重要途径，完善的议事协商平台能够帮助促成多元治理主体间的协同合作，是提升社区参与能力、社区自治能力的重要抓手，具体呈现为社区议事厅、圆桌会、联席会等。社区治理中，搭建议事协商平台不仅包括议事平台的构建，还包括议事规则的制定、议事程序的改善以及议事效果的评估，影响着社区议事协商和民主决策，进而影响着社区治理能力。

一方面，涵盖多元治理主体的议事协商平台通常由社区党组织或是居委会牵头构建。在城市民族社区中，是否将各族居民平等地纳入协商平台，保障各族居民平等对话、共同协商是影响社区治理能力的重要因素。此外，部分城市民族社区在必要时还会邀请宗教界代表、少数民族精英共同参与社区协商议事，以提高基层协商民主的实效性，进而提升社区治理能力与治理实效。

另一方面，议事规则作为多元协商主体的行为准则，是治理主体参与协商议事时的共同遵循，规则的有效性、公正性影响着基层协商民主的效率和效果。例如，在社区议事协商过程中可以借鉴"罗伯特议事规则"，通过帮助聚焦关键议题、保持主持人的中立性以及保障各方进行完整的意见阐述等方式,切实提升社区议事效率和效果,锻炼多元治理主体的协商议事和政治参与能力,进而提升社区治理能力。此外,议事程序决定了多元治理主体能否充分表达自身诉求,影响着最终决议对相关议题的回应度以及各方主体对最终决议的认可度,完善的议事程序也是确保基层协商民主程序正义、提升社区议事协商实效的程序性要素,影响着社区治理能力。

(二)利益联结

社区治理中,多元治理主体代表着不同的组织或群体,持有不同的参与动机和利益需求。例如,业主委员会代表全体业主行使权力,监督物业公司的工作和服务,以维护全体业主的利益,而物业公司作为典型的市场主体,在为社区提供专业化物业管理服务的同时追求利润的最大化。两者之间的利益分化导致业委会倾向于干预物业工作,而物业公司则可能以推诿责任、降低服务质量等方式降低运营成本,追求公司利润。在缺乏良好的利益联结机制时,双方极有可能产生不可调和的矛盾。因此,联结多元治理主体的利益关系,促成多元治理主体达成利益共识,构建利益共同体既为多元治理主体积极参与社区治理提供了内在驱动力,也为和谐稳定、互助友好的社区氛围打下基础,影响着社区资源整合能力、社区服务能力和社区凝聚能力。

在城市民族社区中,利益分化不仅存在于社区户籍人口与流动人口之间以及不同类型的小区之间,还存在于不同民族的居民之间。社区党组织和居委会能否扮演好元治理者的角色,发挥利益平衡功能,在各族居民的差异化需求中找到利益的最大公约数,并促成各族居民达成利益共识成为影响社区治理能力的重要因素。

第三节　环境维度

环境是影响社区治理的各类客观因素的总和，是由短期内不为社区所支配的变量组成的，是社区治理中不可控的因素。社区作为一个开放系统受到内外环境影响，包括宏观、中观和微观三个层次。

一、宏观环境

在社区治理中，宏观环境是社区所处并与之发生相互作用的社会现实，由对微观环境具有较大影响的社会因素构成，包括政治、经济、自然、技术等诸多要素。在城市民族社区中，宏观环境体现为民族政策、政府支持力度、地方经济实力等。

（一）民族政策

党和国家的民族政策是为调节民族关系，处理民族问题，实现民族平等、民族团结、各民族繁荣发展而制定和执行的相关措施与规定，是各地各部门日常工作中必须遵循的大政方针。"促进各民族交往交流交融，要推进建立相互嵌入式的社会结构和社区环境"[1]"全面深入持久开展民族团结进步创建工作"[2]"以铸牢中华民族共同体意识为主线"[3]"创造共居、共学、共事、共乐的社会条件，让各族群众在中华民族大

---

[1] 中办国办印发《关于全面深入持久开展民族团结进步创建工作铸牢中华民族共同体意识的意见》[EB/OL]. https：//www.neac.gov.cn/seac/xxgk/201910/1138132. shtml，2019-10-24.

[2] 习近平在中央民族工作会议上强调　以铸牢中华民族共同体意识为主线　推动新时代党的民族工作高质量发展 [J]. 中国民族，2021（08）：4-7.

[3] 习近平在中央民族工作会议上强调　以铸牢中华民族共同体意识为主线　推动新时代党的民族工作高质量发展 [J]. 中国民族，2021（08）：4-7.

家庭中手足相亲、守望相助"①"增进共同性、尊重和包容差异性是民族工作的重要原则。只有顺应时代变化，按照增进共同性的方向改进民族工作，做到共同性和差异性辩证统一、民族因素和区域因素的有机结合，才能把新时代党的民族工作做好做细做扎实"② 等党和国家的民族政策和理论既为城市民族社区治理指明了工作方向，也是社区在处理民族事务时的根本遵循。党和国家的民族政策为城市民族社区建设和发展提供政治指引，影响着城市民族社区的工作思路、工作方法和工作重心。能否全面正确贯彻党的民族政策不仅影响着城市民族社区党组织和居委会在各族群众中的领导力和威信，而且影响着城市民族社区的民族关系和社区氛围，进而影响着社区凝聚能力、社区包容能力和社区服务能力等。

（二）政府支持力度

政府部门通过专项经费、补贴、人才引进或项目入驻等形式支持城市民族社区治理，政府支持力度则很大程度影响着社区治理能力。一方面，更大程度的政府支持往往带来更多资源的导入以及更多机会的获得，促使城市民族社区不断创新社区治理实践，提升社区治理能力，这又使得这些城市民族社区更有可能被政府树立为典型，获得政府表彰，进而又获得更多的政府支持，形成一种良性循环。另一方面，政府支持更意味着一种政治支持和政治承诺，在某种程度上是社区党组织和社区居委会不断创新的重要驱动力，同时也能够提升社区各族居民的认同感、归属感，进而提升社区服务能力、社区参与能力和社区凝聚能力等。

---

① 中办国办印发《关于全面深入持久开展民族团结进步创建工作铸牢中华民族共同体意识的意见》[EB/OL]. https://www.neac.gov.cn/seac/xxgk/201910/1138132.shtml, 2019-10-24.
② 习近平在中央民族工作会议上强调 以铸牢中华民族共同体意识为主线 推动新时代党的民族工作高质量发展[J]. 中国民族，2021 (08)：4-7.

(三) 地方经济实力

地方经济实力是影响城市民族社区治理能力的物质要素，尤其是对社区的资源整合能力和社区服务能力具有更为明显的影响。在经济实力较强的地方，城市民族社区往往拥有更强的财力和更多的资源，用于为各族居民提供公共服务或优化社区基础公共设施。而且，经济发达地区往往市场经济更为发达、企业资源更为丰富、社会组织发展更为快速，这类地区的城市民族社区能够动员更多辖区企业资源，社会组织资源和居民资源。在调研中，我们发现社区服务能力排名前5的社区中有4个都位于北京、南京、宁波这类经济实力较强的城市。

二、中观环境

中观环境是社区所处状态的要素集合，在城市民族社区中体现为社区居民的民族构成、居住格局等。

（一）民族构成

城市民族社区中，民族构成是不同民族的居民数量在全部居民中的比例关系。由于不同民族在语言文字、宗教信仰、风俗习惯等方面存在差异，社区民族构成是社区制订发展规划和治理策略时必须考虑的现实条件，也是影响社区治理能力与治理实效的现实要素。

具体而言，当城市民族社区中各民族居民数量大体持平时，社区比较容易通过按比例选举居民代表、议事协商、投票表决等形式实现公平，促成不同民族居民达成利益共识，实现良好的社区治理。而当城市民族社区中各族居民人口差距较大，甚至部分民族的居民数量极少的时候，如何避免部分居民的边缘化，在社区治理中如何贯彻民族平等原则成为影响社区和谐稳定的重要因素，也影响着社区凝聚能力和社区包容能力。此外，当部分社区居民有清真饮食习惯或是宗教信仰时，城市民族社区党组织和居委会能否平衡好对不同饮食习惯、宗教信仰以及文化习俗的居民的关注与照顾，同样影响着社区服务能力、社区凝聚能力和社区包容能力。

（二）居住格局

在城市民族社区中，居住格局不仅包括社区中不同类型住宅小区的位置关系，而且包括不同民族居民在社区中的分布格局。

一方面，住房商品化使得居民对于住房的选择市场化，高端商业小区、拆迁安置小区和单位小区中的居民在经济收入、受教育水平和职业等方面都有较明显的差异，而这些差异又造成了不同居民群体需求之间存在着差异，这对社区的资源整合能力和矛盾调解能力提出了较高的要求。

另一方面，大散居、小聚居、交错杂居是当前我国少数民族人口分布的基本格局，在城市民族社区中交错杂居的居住格局为各族居民互相了解、互相帮助提供了机会，但同时也增加了各族居民因为日常小事或误会而产生矛盾纠纷的可能性。推进建设民族互嵌式社区是加强各族居民交往交流交融，深化各族居民相互了解、相互尊重的有效手段，也是提升社区凝聚能力、社区包容能力的关键因素，同时也对社区的矛盾调解能力、依法治理能力提出了更高的要求。

三、微观环境

微观环境是指与社区治理紧密相连、直接影响社区治理能力的各种社区内部环境因素的总和。在城市民族社区中，体现为居民收入水平、受教育程度、宗教信仰、语言文化、风俗习惯等对社区治理能力的影响。

一方面，居民收入水平和受教育程度影响着社区居民的参与水平和参与能力，进而对社区参与能力产生影响。一般而言，收入水平较强、受教育程度较强的居民往往在生活上更有保障，公民意识更强，更有时间、精力和能力参与社区公共事务决策和社区治理。尤其在由少数民族流动人口大量涌入而自发形成的城市民族社区中，不同居民间收入差距导致居民参与呈现明显的层次化，相比于户籍居民更关注的物业、停车之类的社区公共事务决策，少数民族流动人口更为关心的是子女入学、个人就医、自身就业等问题。社区参与和利益需求的层次化既给社区治理带来更多任务，也有可能造成少数民族流动人口的心理落差，影响着社区包容和社区凝聚。因此，协调不同收入层次和受教育程度的主体的社区参与和利益需求对城市民族社区治理能力提出了更高的要求。

另一方面，宗教信仰、语言文化和风俗习惯对城市民族社区治理能力的影响主要表现为不同民族居民之间的差异化。在社区治理中处理好不同宗教信仰、语言文化和风俗习惯的差异，引导各族居民相互理解、相互尊重是提升社区凝聚能力和社区包容能力的关键。比如对语言来说，我们通过调查问卷考察了各族居民对当地方言的掌握程度，并将其分别与城市社区治理能力的各个分能力进行一元线性回归分析，结果发现城市民族社区中各族居民对当地方言掌握程度与社区参与能力的相关系数 R 值为 0.503，且 P 值为 0.0075，远小于 0.05，说明两者呈现明显的正相关关系，即各族居民对当地方言掌握得越熟练，社区参与能力越强。

第六章

城市民族社区治理能力的提升路径

　　元治理强调对"治理的治理",旨在通过元治理者破解"治理失灵"的困境。一方面,元治理理论强调对市场、国家、社会等治理形式、力量或机制进行一种宏观安排,即对科层治理、网络治理和市场治理三种方式进行有机整合以达到最好的结果,这与构建"党委领导、政府负责、民主协商、社会协同、公众参与、法治保障、科技支撑"的社会治理共同体相契合;另一方面,元治理理论强调发挥元治理者"同辈中的长者"作用,承担利益协调者以及主体培育者的角色,这能够较好破解当前我国社区治理中社会发育不完善、多元主体利益冲突难以调和等困境,且社区党组织和居委会与元治理者的定位相符,能够扮演好元治理者这一角色。因此,我们以元治理理论为视角,针对不同城市民族社区面临的治理问题,探寻提升社区治理能力的可行路径,切实提升城市民族社区治理能力,促进城市民族社区治理现代化转型。

　　具体而言,良好城市民族社区治理,不仅需要各治理主体最大限度地发挥自身作用,更需要多元治理主体协同互动以实现治理合力。社区党组织和居委会作为城市民族社区治理中的元治理者,既要培育好各治理主体,积极引导社会组织、社区居民和市场力量等多元主体参与社区治理,构建社区治理新格局,又要引导各治理主体进行平等协商、积极互动,以达成利益共识、目标共识和手段共识。

第一节　推动赋权增能，培育多元治理主体

随着社会经济的快速发展，居民需求呈现多样化和差异化的发展趋势，政府一元治理模式已经难以有效回应社区需求，构建多元协同的治理共同体成为新时代基层治理的重要内容。同样，良好的社区治理能力需要建立在多元主体发挥自身优势的基础之上，培育多元治理主体成为新时代社区治理现代化转型的基础环节。社区党组织和居委会作为城市民族社区治理的元治理者，应当通过多种手段为社区治理赋权增能，加快培育多元治理主体以切实提升社区治理能力。

一、切实赋予多元主体参与社区治理的权力

（一）理顺多元治理主体的权责关系

合理清晰的权责体系是多元主体履行职责的前提条件，能够有效提升社区治理能力，推动社区治理现代化转型，是最大限度发挥社区治理优势的基础要义。城市民族社区治理中，理顺权责关系强调根据社区资源、发展目标和社区特点明确社区治理任务，以权责对等为原则系统梳理各治理主体的职责和权限。

一方面，要落实基层减负，破除不恰当的权责分配格局。社区居委会作为政府在基层的代理者，行政色彩越来越浓厚，导致居委会工作人员花费大量时间和精力以承接上级各部门交代的行政事项，而无暇组织社区居民进行自我管理和自我服务，对社区治理能力产生负面影响，尤其是制约了社区服务能力和社区自治能力的提升。因此，落实基层减负，破除不恰当的权责分配格局，让社区居委会把更多时间和精力放在社区自治和社区服务上来，成为提升社区治理能力的重要路径。具体而

言，上级各部门既要将不该由社区居委会承担的事项回收，切实把基层负担减下来，又要合理让渡和分权，将职能下放，确保权责对等，实现权力回归。同时，上级各部门还要杜绝形式主义，精简文件数量和改革会议制度，强化问题导向的调研、监督和检查，以切实提高行政效率和完善社区治理短板。

另一方面，社区党组织和居委会要回归"同辈中的长者"角色，积极转变职能，立足于社区实际完善社区权力结构，明确多元治理主体间的权责关系，改善社区治理碎片化、权力无序化等现状。具体而言，社区党组织和居委会既要立足社区治理任务和多元治理主体特质，明确各治理主体的职责与权限，使各主体拥有适宜匹配的权力，引导多元治理主体切实履行自身职责，又要从制度、机制层面切实为多元治理主体参与社区治理、履行自身职责提供保障。同时，完善社区权力结构过程就是多元主体利益博弈、平衡权力的过程，社区党组织和居委会要注重多元治理主体的相互制衡，以维持稳定、持续、有活力的社区治理格局。此外，赋权并不意味着将所有权力下放给社区居民或社会组织，也不意味着只下放权力而不承担责任，社区党组织和居委会同样需要保留部分权力以履行自身职责和建立责任追究机制以有效约束各方权力。

（二）完善各方权责落实的保障机制

落实权责保障是完善社区权力结构和落实各方权力的必要条件，是提升社区治理能力的机制保障。社区党组织和居委会作为元治理者，需要通过平台、技术等手段保障多元治理主体切实参与社区治理，在城市民族社区治理实践中真正实现还权于民。

首先，要完善社区参与机制，通过创新社区治理参与内容，将社区参与和各族居民的切身需求相结合，激发各族居民的参与积极性，以各类社区活动带动各族居民参与社区公共生活，逐渐引导各族居民参与社区公共事务决策、实施和监督，实现多层次、全方位、全周期的社区参与。具体而言，要赋予居民表达权以确保居民能够表达自身诉求与意见，要赋予居民协商权让居民参与社区公共事务的协商和讨论，要赋予居民执行权帮助居民切实参与社区公共事业和公共生活，要赋予居民评价权以深入了解居民需求和反馈。

其次，应以技术为手段为各族居民参与社区治理破除障碍。例如，在城市民族社区中开展国家通用语言培训，为部分语言不通的居民参与社区治理，融入社区生活破除语言障碍。或是通过技术赋权拓宽社区参与平台和参与渠道，通过搭建线上交流平台、建设社区自媒体等形式，为大量因忙于工作而无暇参与社区活动的各族居民破除空间限制和时间限制，提供传递自身诉求和获取社区信息的渠道，以及提供的平台交往交流交融。如北京市推出的手机应用"社区通"和南京市基于微信小程序搭建的"五微"服务平台等，均利用信息技术有效提升了社区对于各族居民诉求的回应性，提高了社区服务能力，实现了科技支撑的社区治理。

最后，面向社会组织、市场组织的赋权同样需要以制度和资源为支撑。例如，通过政府购买以项目化运作的形式将社会组织和市场力量引入社区治理，或是通过举办公益创投大赛等形式，为社会组织和市场力量入驻社区提供契机。随后，以签订协议的方式明确社会组织、市场力量和政府部门各自的权力与责任，通过提供资金、场地等方式确保社会组织能够在社区切实开展各类活动的同时，也保证能够通过政府监督、绩效考评等形式实现对其权力的约束。值得注意的是，在明确权责关系和制定考核标准的过程中，既需要立足于不同城市民族社区的实际，也需要保证社会组织和市场力量的充分参与，避免在实践中出现权责不等或应付式考核的情况。

二、加快提升多元主体参与社区治理的能力

赋权增能是推动构建多元协同社区治理格局、提升社区治理能力的

重要手段，随着社区治理实践的不断深化，向社区居民、社会组织和市场力量放权已经成为社区治理的重要导向，然而在现实中面临着市场、社会或居民无力承接的尴尬局面，权力承接"真空化"困境亟待解决，因此加快提升多元主体参与社区治理的能力成为重中之重。在城市民族社区治理实践中，不仅需要增强各族居民的参与能力和自治能力，还应注重提升社区党组织和居委会的专业能力，以及提升社会组织的自我发展和创新能力。

（一）增强各族居民的参与能力和自治能力

社区党组织和居委会既要从心理层面加快培育各族居民的公民意识和主人翁意识，又要借助专业力量让居民在自我服务和自我管理实践过程中提升参与能力和自治能力。

一方面，在传统基层治理体系中各族居民已经习惯于被动接受由居委会主导的社区管理和社区服务，将政府视为"社区保姆"，将社区治理等同于政府责任，对社区事务淡漠。因此，社区党组织和居委会既要纠正各族居民对于社区治理的错误认知，强化社区居民的主人翁意识和公民意识，有意识地让各族居民认识到自身参与社区治理的责任和义务；又要培育各族居民尤其是外来流动人口的市民意识和法治意识，全面开展普法教育，积极引导各族居民尊法守法，依法追求自身利益和维护自身权益，以提升各族居民自我管理的能力。这需要依托一系列实践活动来实现，例如，在党建引领下引导各族居民共同制定社区自治公约，在推动各族居民共同参与社区事务的同时，既提升了各族居民对于社区自治公约的认可度和践行度，又强化了各族居民对社区的认同感和归属感，并且帮助各族居民在互动中提升了自我的表达能力和协商能力。

另一方面，以培育社区社会组织和落实基层协商民主为契机，借助专业力量，提升各族居民自我管理和自我服务的能力。社区党组织和居委会要深入挖掘各族居民骨干，积极推动社区各族居民组建兴趣小组、文艺队伍和志愿团队，通过成立微组织的形式增强各族居民集体行动的能力，帮助各族居民在集体行动中累积自我管理和自我服务的经验，促进社区各族居民向具有公共理性精神的公民转变。同时，借助专业社会组织和社工的力量培育各类社区社会组织，帮助各类居民团体实现良好的自我管理和自我服务，帮助各类团体相互之间实现良好的合作和协商，让各族居民在团队协作中切实提升参与能力。此外，还可以引进专业社会组织参与构建社区议事协商机制，通过民主恳谈会和居民议事会等形式，培育各族居民自我分析与主动表达的能力。

（二）提升居委会和社会组织的专业能力

社区治理中，社区居委会和社会组织是服务各族居民的重要力量，提升社区居委会和社会组织的专业能力能够切实提升社区服务能力。

一方面，在城市民族社区中提升社区居委会的专业能力主要从两方面入手。一是要注重居委会工作人员的专业能力，提升工作人员在社区治理、社会工作和管理学等方面的专业素养，同时强化工作人员对网格化管理等治理技术的应用能力，推动城市民族社区治理的专业化和精细化，提升社区治理能力。二是要注重对社区党组织成员和居委会工作人员进行民族政策、民族理论和民族知识的系统培训，帮助社区工作人员正确理解、精准把握党和国家关于民族事务的大政方针，以更好履行社区服务和事务管理的职责，确保党的民族理论和民族政策到基层有人懂、民族工作在基层有人抓。

另一方面，在社区治理场域中提升社会组织专业化能力的关键是要重视社会组织的作用，推动社会组织自我发展。社区党组织和居委会要为社会组织参与社区治理提供明确的任务导向和制度保障。具体而言，社区党组织和居委会以项目化运作的形式将社会组织引入社区治理，不仅要通过给予资金、场所的形式为社会组织开展活动提供坚实的物质保障,而且要建立完善的考核机制、激励机制,为社会组织自我发展提供良好的制度环境。此外,政府部门也应加大对优质社会组织的扶持和培育力度,为社会组织的自我发展和专业提升提供充足的空间。

第二节 凝聚治理合力,构建社区治理共同体

不同于单一的政府管理模式,当前城市民族社区治理中政府力量、社会力量和市场力量共存,平衡多元主体关系以促使各治理主体各就其位、各司其职,凝聚社区治理合力,成为新时代城市民族社区治理的关键环节。其中,社区党组织和居委会作为社区治理的前行引领者、规则制定者和利益协调者发挥着总体把握、统筹协调,推动社区治理共同体构建的作用。

具体而言,社区党组织和居委会要培育多元治理主体的身份认同和利益认同,构建利益共同体和精神共同体,帮助多元治理主体就社区治理的目标、手段达成共识。在此基础上,完善社区治理的治理体系,综合利用正式制度和非正式制度为多元治理主体采取集体行动提供规则。进而借助社区治理网络整合分散的治理资源,推动多元治理主体间的信息共通和资源共享,构建城市民族社区治理共同体,凝聚社区治理合力。

一、凝聚共识

(一)凝聚利益共识

在城市民族社区治理中,社区党组织、居委会、居民和业主委员会、物业公司、社会组织等多元治理主体在组织目标、利益取向、行动逻辑等方面均存在一定差异。例如,社区居委会以维护社区公共利益为

目标,依据《中华人民共和国城市居民委员会组织法》开展工作,物业公司则主要依据《中华人民共和国公司法》及《物业管理条例》为小区提供物业管理服务,同时追逐自身利润的最大化。在社区治理实践中,追求自身利益最大化是多元主体参与社区治理的内在动力,而多元治理主体往往在牵涉具体利益时陷入矛盾与纷争,导致居民和群体利益需求无法得到满足,制约着社区公共利益的实现。如何以党建为引领,凝聚多元治理主体的利益共识,激励多元治理主体参与社区治理成为提升城市民族社区治理能力的关键问题。

首先,社区党组织和居委会要将多元主体的自身利益与社区公共利益相联结,建立公平、公正的利益分配制度。合理的利益分配制度是预防多元治理主体产生矛盾冲突、维护和谐稳定社区氛围的制度保障。社区党组织和居委会的首要任务在于将各治理主体的自身利益与社区公共利益相联结,综合考虑各主体的实际需求,平衡社区利益分配格局,以最大限度地调动多元治理主体参与社区治理的积极性,让多元治理主体在实现自身利益的同时促进社区福祉的增长。同时,社区党组织和居委会可以通过搭建各方治理主体共通的资源互惠平台,建立互利互赢的利益共享机制将多元治理主体凝聚为利益共同体,帮助多元治理主体在有限的资源中实现利益互惠、多元共赢。

其次,社区党组织和居委会要建立起灵活的利益协调机制,通过沟通、对话、协调等方式化解多元治理主体间的利益冲突,以达成利益共识,降低社区治理成本。其中,社区党组织要利用好自身优势,通过组织嵌入的形式在日常工作和基层党建中将自身力量在纵向上向小区、楼栋、网格等微观治理单元延伸,夯实自身群众基础;在横向上发挥好自身思想引领和领导核心的作用,把握社区治理全局。在多元治理主体或是社区居民发生利益冲突时,扮演好"同辈中的长者",利用好自身群众基础和领导核心的身份,通过沟通、对话等形式公平公正地协调多方利益。

最后，城市民族社区中各族居民在教育背景、生活习惯、文化习俗和宗教信仰等方面存在差异，在日常生活和邻里交往中比较容易因为认识偏差或是误解等原因产生利益冲突和矛盾纠纷。因此，城市民族社区党组织和居委会既要营造好互相理解、互相尊重的社区氛围以降低各族居民发生利益冲突的可能性，又要建立好纠纷调解机制，借助各族居民骨干、少数民族精英、社区党员甚至是宗教人士的力量开展矛盾调解，在依法调解利益纠纷的基础上发挥情感影响，有效化解各族居民之间的利益冲突，维护社区和谐稳定，提升社区凝聚能力和包容能力。

(二) 凝聚价值共识

价值观是多元治理主体的基本信念，影响着多元治理主体参与社区治理的行为方式，构建城市民族社区治理共同体的过程就是构建共享共有的精神家园、凝聚多元治理主体价值共识的过程。元治理理论强调培养多元治理主体共同的政治价值观和行为价值观，以达成信任与共识，构建社区治理共同体。

一方面，在城市民族社区治理中，社区党组织和居委会首先要发挥好思想引领者的作用，引导多元治理主体以社区公共利益为指引，以"一切为了群众，一切依靠群众"为基本导向，调和多元治理主体在行动逻辑和价值取向上的差异，坚持将服务居民作为社区治理的重要主旨和首要目标。其次，城市民族社区治理要坚持以党建引领、多元协同为基本遵循，在元治理理念的指导下，完善社区治理结构，以基层党组织作为纽带为多元治理主体对话、协商、合作提供平台和载体，真正实现多元协同的社区治理。最后，社区党组织和居委会要发挥好统筹引导作用，规范并发挥各族居民骨干在社区治理中的积极作用。

另一方面，共享共有的价值体系并不能依靠单向输出，而是在多元主体的互动中得以培育，社区党组织和居委会在其中扮演思想引领者而非价值灌输者的角色。尤其在城市民族社区治理中，还存在各族居民在生活习惯、文化习俗上的差异，既需要社区党组织和居委会通过建立社区微组织、举办社区活动、拓展社区公共空间等方式为各族居民提供相互了解的机会，也需要社区党组织和居委会发挥思想引领作用，积极引导各族居民与社会主义核心价值观相适应，凝聚各族居民的价值共识。同时，还要引导各族居民深入了解社区文化和社区历史，培育各族居民的地域认同和社区认同，凝聚各族居民的身份共识。

此外，基层党组织要利用好自身政治势能，发挥好政治引领和价值引领作用，以点带面实现组织嵌入，将党组织向社区内各类组织和楼栋网格延伸、向优秀人才延伸，积极引导少数民族优秀代表向各级各类组织靠拢，将少数民族骨干吸纳为社区的"两委"委员、街道社区代表、工会代表、妇女代表和青年代表等。

二、制定规则

多元治理主体平等参与社区治理、切实履行自身职责是发挥社区治理合力、提升社区治理能力的重要保障，合理、完善的制度体系作为多元治理主体的行为遵循则是提升社区治理能力的制度要素，包括正式制度和非正式制度。其中正式制度是相关主体按照一定目的和程序有意识创造一系列规则、契约或法律法规，非正式制度则是在长期实践中无意识形成的价值信念、伦理规范、道德观念和风俗习惯等。

因此，在城市民族社区治理中，社区党组织和居委会作为元治理者是规则的制定者和主导者，在法律法规和相关政策的基础上，不仅需要建立正式的参与制度、协商制度、考核制度和激励制度为多元治理主体协商合作提供准则，帮助多元主体平等地表达意见、民主地参与决策以及共同地参与行动、公正地共享成果，而且需要运用好道德文化、民俗伦理和风俗习惯等非正式制度以营造和谐互信的社区氛围，为多元治理主体互帮互助提供基础，进而实现良好的社区治理。

(一) 制定正式制度

一方面，党建引领下的多元共治成为社区治理的主要模式，多元治理主体间的能力差异、资源差异要求建立完善的制度体系以解决社区参与层次化、利益诉求多样化和决策过程复杂化等问题，推动多元治理主体平等地参与社区治理和公共决策，进而提升社区治理能力。社区党组织和居委会首先要建立清晰的权责制度和奖惩制度，通过规章制度、合作协议等规范权责配置、落实奖惩机制，督促和激励多元主体尤其是物业公司等市场主体和各类社会组织切实履行自身职责，服务社区居民。其次，要贯彻落实基层协商民主，组建座谈会、研讨会、议事会等议事协商平台，为多元治理主体参与社区公共决策提供自由、透明、民主的互动空间，建立完善社区的民主决策制度，为多元治理主体消除观念分歧、化解利益冲突提供行为准则和程序准则，帮助多元治理主体公开对话、平等协商、理性互动、凝聚共识提供制度基础。

另一方面，完善的监督和考核制度是有效监督各治理主体行为、激励多元主体持续参与社区治理的关键。在城市民族社区治理中，社区党组织需要建立和完善一系列监督考核制度以规范和约束多元治理主体依法寻求自身利益最大化，并确保多元治理主体高效高质地履行自身职责。全面的监督考核制度既涉及多元治理主体参与社区治理的结果考核，也涉及对于多元治理主体行为的约束和监督；既包括以社区党组织和居委会为主体对参与社区治理的多元主体进行外部监督，也包括以各族居民对社区党组织、居委会和各类社会组织、市场力量进行日常监督和服务评价，还包括各类组织就相互之间的合作协商进行监督和考评。

同时，科学的考核评估制度要求结合多元治理主体的责权关系和社区治理目标，科学规划、合理制定绩效考评目标，将主观指标与客观指标相结合，定性评估与定量评估相结合，长期考核与短期考核相结合，构建科学、客观、动态、全面的指标体系。其中，社区党组织和居委会在建立考核评估制度的过程中还要切实关注各族居民需求,以居民诉求为起点制定考核标准,同时还应注重被考核者意见,提高考核指标的合理性以及提升被考核者对考核的认可度。此外,社区党组织和居委会要以提升各类组织的专业能力和社区治理能力为目标,在建立完善配套的奖惩制度、构建完整的考核评估闭环、切实激励多元主体参与社区治理的同时,推动多元治理主体不断自我发展和自我提升。

(二)利用非正式制度

非正式制度是社区治理实践中各族居民在交往交流交融过程中形成的共享共有的精神家园,具体体现为社区精神、社区文化和社区氛围,对各族居民的行为产生柔性约束作用。

社区党组织和居委会要发挥好非正式制度的柔性约束作用,一方面需要以社区各类宣传平台和日常活动为载体,大力弘扬中华优秀传统文化和社会主义核心价值观,将各族居民的多元文化、风俗习惯与社区历史、社区文化相结合,凝练共享共有的社区精神,提升各族居民的道德素养,使其自觉规范自身行为,维护社区公共利益。另一方面,社区党组织和居委会还可以通过梳理道德标兵、民族团结模范,或者表彰民族团结进步先进楼栋,发挥各族居民先进榜样的道德引导和价值引领作用,促进各族居民自觉维护民族团结与社区和谐。

三、整合资源

城市民族社区的治理资源作为社区共有资源,体现为有形的资金、场地、设施和人员等资源和无形的组织资源、信息资源和文化资源等。元治理理论强调社区党组织和居委会要扮演好资源整合者的角色,在党建引领下最大限度地识别、整合和利用好社区内外资源。

首先,社区党组织和居委会要利用和维护好有形公共资源。例如,通过制定居民公约、公共场所使用守则等,引导社区各族居民文明使用基础设施和公共场地，维护好路灯、水电、健身器材等社区基础设施和公共资源；通过分散安排社区内文艺团队、兴趣小组使用公共绿地、文化广场等社区公共场所的使用时间，提高社区公共场所的使用效率。此外，社区党组织和居委会还应合理使用社区经费，统筹管理上级政府部门拨付的资金和各类慈善机构、市场组织捐献的资金，切实用于与各族居民生活相关的民生改善上，规范资金使用流程，做到公开、透明，以提升资金利用效率。

其次，社区党组织和居委会作为社区治理网络中的领导核心，应通过联结关系网络、搭建沟通渠道等形式，促进资源和信息在社区治理中的流通和共享，充分整合分散的社区治理资源，形成社区治理合力。例如，以社区党组织为核心设立党建联席会制度，邀请共建共驻单位、社会组织、物业公司、业委会成员和各族居民代表共同参与，定期就社区工作和公共事务展开讨论，推动信息互通和资源共享。通过采用"清单工作法"，建立"资源清单"罗列社区内外治理资源，实现对社区治理资源的全面整合与系统把握；建立"需求清单"梳理各族居民利益诉求，切实挖掘社区居民的多样化需求；建立"项目清单"，以项目化运作的形式持续推动资源和需求的有效对接，提升资源利用效率，强化城市民族社区的资源整合能力。此外，城市民族社区党组织和居委会还可以借助信息技术，搭建线上交流平台、建设社区自媒体，实现信息在社区治理中的互联互通。

最后，城市民族社区治理中尤其要重视文化、风俗等无形资源，将文化因素与社区治理相结合，将多元民族文化与社区地域文化、社区历史传承相融合，在社区层面构筑中华民族共有精神家园，以推动各族居民交往交流交融，实现各族居民共生共学共事共乐，提升社区包容能力和社区凝聚能力。

第三节 促进交流互鉴,坚持因地制宜

一、构建社区交流平台

基于调研,我们发现各类城市民族社区在提升社区治理能力、推动社区治理现代化转型的过程中各有千秋,积攒了多样化的经验。因此,构建社区交流平台,推动各类城市民族社区交流对话、互观互学,是帮助城市民族社区共同提升社区治理能力的重要方式。

一方面,上级政府部门要发挥好统筹协调和桥梁纽带作用,定期就城市民族社区治理开展专题研讨、专家讲座和座谈会等,邀请优秀社区书记、主任分享治理经验和心得体会,为不同社区间相互答疑解惑、传授经验提供平台与契机,帮助各地城市民族社区共同提升与进步。另一方面,还可以组织各地城市民族社区互观互访,让社区工作者在实地调研和参观学习中切实感受优秀社区治理实效,取长补短,有针对性地提升社区治理能力。

二、遵循社区治理实际

社区治理作为一个开放系统,要充分考虑主体、结构、环境等因素对系统的影响和相互作用。不同地域和不同类型的城市民族社区在治理主体、治理结构、治理环境以及治理需求等方面都呈现出明显的差异,对治理工具和治理手段的选择也存在差异。西部聚居地区的民族社区与东部散居地区的民族社区有所不同,历史上形成且发展至今的民族社区、"单位制"形成的民族社区与外来少数民族进入城市后自发形成的民族社区也有所不同,因此不同类型、不同地域的城市民族社区治理在

提升自身治理能力时首先要全面把握社区治理需求和资源现状，遵循因地制宜的原则，结合地方实际探索最优路径，采取合理途径提升社区治理能力，而不能照搬照抄、千篇一律。

例如，在强化基层党建、充实基层党员队伍以提升党组织公信力和服务力的过程中，可以借助老党员的威信以整合多方资源，或是通过区域化党建整合辖区内商务楼宇、驻区单位等资源。在增强社区服务的回应性、提升社区服务能力的过程中，一些城市民族社区借助网格力量，及时收集各族居民的意见诉求，也有社区基于微信小程序或是手机软件搭建线上需求收集平台和意见反馈渠道，方便各族居民随时表达自身意见和诉求。此外，不同类型的城市民族社区还结合自身实际动员社区居民自我管理和自我服务，参与社区志愿活动。辖区内有大量少数民族流动人口的社区，以开展国家通用语言培训、职业培训和法律讲座为契机，可以积极组织各族流动人口成立志愿队伍反哺社区治理。而辖区内商铺资源丰富的城市民族社区则通过组建行业协会的形式，在组织辖区商铺进行自我管理、自我服务的同时，还可以引导辖区商铺参与社区治理，推动资源共享。

事实上，各类城市民族社区在民族成分、规模大小、文化习俗等方面都有着自身特色与优势，应在全面探测社区概况、厘清社区内外关系网络、梳理整合社区内外资源的基础上，结合地方实际探索提升社区治理能力的最优路径，而不能照搬照抄其他地方的经验。此外，在社区治理能力提升过程中，各地城市多民族社区还需要延伸触角，实时关注内外环境变化，及时调适社区治理能力的提升路径，做到因时而异、因势而异。

参考文献

中文译著

[1] 滕尼斯. 共同体与社会——纯粹社会学的基本概念 [M]. 张巍卓, 译. 北京: 商务印书馆, 2019.

中文期刊

[2] 艾少伟, 等. 城市少数民族社区地方认同的消解与重构 [J]. 人文地理, 2020, 35 (01).

[3] 杰索普, 程浩. 治理与元治理: 必要的反思性、必要的多样性和必要的反讽性 [J]. 国外理论动态, 2014 (05).

[4] 曾丽敏, 刘春湘. 非正式制度对社会组织参与城市社区治理的影响 [J]. 北京社会科学, 2021 (11).

[5] 曾丽敏, 刘春湘. 社会组织参与城市社区治理的正式制度嵌入性分析 [J]. 城市发展研究, 2022, 29 (03).

[6] 陈诚, 卓越. 基于结构与过程的社区治理能力评估框架构建 [J]. 华侨大学学报 (哲学社会科学版), 2016 (01).

[7] 陈纪, 胡北. 新时代提高社区治理能力应着力加强党的领导 [J]. 求知, 2021 (02).

[8] 陈纪. 京津冀地区民族互嵌式社区建设与公共资源支持保障研究 [J]. 中国行政管理, 2018 (10).

[9] 陈纪. 协作治理城市多民族社区民族工作创新的探讨 [J]. 西南民族大学学报 (人文社会科学版), 2013, 34 (12).

[10] 陈建国. 城市社区事务治理与合作型权力结构重塑 [J]. 理论探索, 2021 (04).

[11] 陈美楠. 角色理论视角下城市社区治理的困境及其根源研究——以L市L小区为例 [J]. 上海大学学报 (社会科学版), 2022, 39 (03).

[12] 陈伟东, 孔娜娜, 卢爱国. 政府行动与社会行动衔接: 中国社区发展战略 [J]. 社会主义研究, 2010 (05).

[13] 陈伟东, 李雪萍. 社区治理主体: 利益相关者 [J]. 当代世界与社会主义, 2004 (02).

[14] 陈伟东, 马涛. 居委会角色与功能再造: 社区治理能力的生成路径与价值取向研究 [J]. 吉首大学学报 (社会科学版), 2017, 38 (03).

[15] 陈伟东, 许宝君. 社区治理责任与治理能力错位及其化解——基于对湖北12个社区的调查 [J]. 华中农业大学学报 (社会科学版), 2016 (01).

[16] 陈燕, 郭彩琴. 中国城市社区治理: 困境、成因及对策 [J]. 苏州大学学报 (哲学社会科学版), 2016, 37 (06).

[17] 陈友华, 夏梦凡. 社区治理现代化: 概念、问题与路径选择 [J]. 学习与探索, 2020 (06).

[18] 单菲菲, 罗晶. 新时代城市民族互嵌式社区的建设与治理——基于西北地区四个社区的调查 [J]. 中南民族大学学报 (人文社会科学版), 2019, 39 (03).

[19] 单菲菲, 王学锋. 城市化背景下城市多民族社区认同研究——基于甘肃省合作市Z社区的调查 [J]. 中南民族大学学报 (人文社会科学版), 2014, 34 (05).

[20] 单菲菲. 城市多民族社区治理结构的演进特征与未来进路——L社区的十年追踪研究（2008—2018年）[J]. 西南民族大学学报（人文社会科学版），2019，40（05）.

[21] 丁冬汉. 从"元治理"理论视角构建服务型政府[J]. 海南大学学报（人文社会科学版），2010，28（05）.

[22] 樊佩佩. 城市基层治理现代化背景下的社区分化及治理绩效研究[J]. 现代经济探讨，2020（06）.

[23] 冯仕政，朱展仪. 集体行动、资源动员与社区建设——对社区建设研究中"解放视角"的反思[J]. 新视野，2017（05）.

[24] 冯阳雪. 元治理视角下农村环境治理的路径分析与反思[J]. 当代经济管理，2022，44（02）.

[25] 高峰. 以政策创制推动体系建构和能力建设——苏州社区治理创新十年探索[J]. 社会建设，2020，7（02）.

[26] 高杉. 基于多元主体的城市社区治理体制改革创新[J]. 人民论坛，2015（36）.

[27] 高鑫. 城市化进程中多民族社区治理研究——以天津市T社区为例[J]. 青海民族研究，2015，26（02）.

[28] 葛明驷. 元治理体系构建：县级融媒体与基层社会治理创新[J]. 现代传播（中国传媒大学学报），2021，43（12）.

[29] 葛燕林. 民族互嵌型社区的形成逻辑与运作机制——以E市X社区为例[J]. 云南行政学院学报，2019，21（06）.

[30] 龚翔荣，陈天祥. 基于粗糙集的城市社区治理绩效指标分析——A市50个样本社区的调查数据[J]. 北京行政学院学报，2018（05）.

[31] 管志利. 合法性与联动性：城市社区治理结构的社会组织嵌入——一个新制度主义的分析框架[J]. 中共天津市委党校学报，2022，24（01）.

[32] 桂勇, 黄荣贵. 社区社会资本测量: 一项基于经验数据的研究 [J]. 社会学研究, 2008 (03).

[33] 郭丁. 鲍勃·杰索普的元治理理论探析 [J]. 山东社会科学, 2022 (01).

[34] 郭圣莉, 张良. 改革开放以来中国城市社区制的形成及其推进机制研究 [J]. 理论探讨, 2020 (01).

[35] 何绍辉. 党建引领与城市社区治理质量提升 [J]. 思想战线, 2021, 47 (06).

[36] 胡杰成, 银温泉. "十四五"时期完善城镇社区治理体制的思路与举措 [J]. 改革, 2020 (07).

[37] 胡洁. 多中心治理视阈下民族社区治理模式的优化 [J]. 青海社会科学, 2017 (05).

[38] 胡晓燕, 曹海军. 社区治理体系和治理能力现代化的思考——基于国家基层政权建设的微观视角 [J]. 经济问题, 2018 (01).

[39] 胡业勋. 民族地区社区治理的结构异质性及其法治化——以四川藏彝地区为例 [J]. 行政管理改革, 2019 (07).

[40] 黄海波. 城市多民族互嵌式社区建设需正视六个问题 [J]. 学术论坛, 2016, 39 (12).

[41] 黄建. 城市社区治理体制的运行困境与创新之道——基于党建统合的分析视角 [J]. 探索, 2018 (06).

[42] 黄建. 城市社区治理现代化路径探析——基于统合自主性的理论视角 [J]. 社会科学战线, 2019 (12).

[43] 黄清子, 张立, 李敏. 元治理视域下大气污染防治的政策框架及工具优化 [J]. 中国人口·资源与环境, 2019, 29 (01).

[44] 黄晴, 刘华兴. 治理术视阈下的社区治理与政府角色重构: 英国社区治理经验与启示 [J]. 中国行政管理, 2018 (02).

[45] 黄云凌, 武艳华, 徐延辉. 社区能力及其测量——以深圳市

为例[J].城市问题,2013(03).

[46]姜晓萍.国家治理现代化进程中的社会治理体制创新[J].中国行政管理,2014(02).

[47]蒋俊明.利益协调视域下城市社区治理结构的改进[J].城市问题,2014(03).

[48]久毛措,佘文超.元治理视角下拉萨市易地扶贫搬迁安置社区治理模式的思考[J].西藏民族大学学报(哲学社会科学版),2021,42(03).

[49]蓝煜昕,张雪.社区韧性及其实现路径:基于治理体系现代化的视角[J].行政管理改革,2020(07).

[50]黎熙元.社区技术治理的神话:政府项目管理与社工服务的困境[J].兰州大学学报(社会科学版),2018,46(03).

[51]李波阳,柳小惠.元治理视域下的反腐治理理论——以职务犯罪技术侦查为逻辑要素的展开[J].兰州学刊,2017(12).

[52]李丹.技术创新元治理研究[J].西南民族大学学报(人文社会科学版),2022,43(07).

[53]李利文,申彬,彭勃.城市基层治理创新中的"认知内卷化"——以上海XH区物业管理深化改革为例[J].社会科学研究,2016(02).

[54]李瑞.新形势下科技创新治理复杂性及"元治理"体系构建[J].自然辩证法研究,2021,37(05).

[55]李文静.社会工作在社区治理创新中的作用研究[J].华东理工大学学报(社会科学版),2014,29(04).

[56]李小博.城市社区多元主体关系困境及其破解的法治路径[J].领导科学,2020(18).

[57]李晓壮.城市社区治理体制改革创新研究——基于北京市中关村街道东升园社区的调查[J].城市发展研究,2015,22(01).

[58] 李晓壮. 社区治理现代化的中国逻辑及实现路径研究 [J]. 北京工业大学学报（社会科学版），2020，20（01）.

[59] 李学斌，黄晓星. 社区秩序形态的变迁与元治理秩序的形构——基于 Z 市两个住宅小区的案例研究 [J]. 学术论坛，2021，44（03）.

[60] 李熠煜，刘迅. 元治理视域下多元主体参与的印度农村反贫困研究——基于 IAY 项目的执行分析 [J]. 湘潭大学学报（哲学社会科学版），2017，41（04）.

[61] 李媛媛，郑偲. 元治理视阈下中央环保督察制度的省思与完善 [J]. 治理研究，2022，38（01）.

[62] 林聪. 多民族地区农村社区整体性治理研究 [J]. 学术论坛，2012，35（06）.

[63] 刘娴静. 城市社区治理模式的比较及中国的选择 [J]. 社会主义研究，2006（02）.

[64] 刘欣，田丰. 城市基层党建与社区社会资本生成——基层社区党建的延展效应 [J]. 学术月刊，2021，53（06）.

[65] 刘鑫，王玮. 元治理视域下的"村改居"社区治理 [J]. 学术交流，2019（05）.

[66] 刘志筠. 预防化解多元治理主体利益冲突的制度架构 [J]. 理论导刊，2021（02）.

[67] 刘祖云，李烊. 元治理视角下"过渡型社区"治理的结构与策略 [J]. 社会科学，2017（01）.

[68] 卢爱国，陈洪江. 空间视角下城市多民族社区互嵌式治理研究 [J]. 内蒙古社会科学（汉文版），2016，37（06）.

[69] 卢福营，熊兢. 优势主导——多元共治模式下社区治理体制创新 [J]. 河南社会科学，2017，25（09）.

[70] 卢学晖. 中国城市社区自治：政府主导的基层社会整合模

式——基于国家自主性理论的视角[J].社会主义研究,2015(03).

[71] 陆军,丁凡琳.多元主体的城市社区治理能力评价——方法、框架与指标体系[J].中共中央党校(国家行政学院)学报,2019,23(03).

[72] 南京市委党校课题组.社区治理能力现代化指标体系研究——基于南京的调查[J].中共南京市委党校学报,2016(06):80-87.

[73] 马晓玲,洪舒蔓.治理视角下城市民族互嵌式社区公共服务研究——关于成都市浆洗街三个民族社区的调查报告[J].中南民族大学学报(人文社会科学版),2018,38(04).

[74] 彭兵.通向城乡衔接的乡村社区能力建设——自加拿大新乡村建设运动生发[J].社会科学辑刊,2010(04).

[75] 曲延春.农村环境治理中的政府责任再论析:元治理视域[J].中国人口·资源与环境,2021,31(02).

[76] 任克强,胡鹏辉.社会治理共同体视角下社区治理体系的建构[J].河海大学学报(哲学社会科学版),2020,22(05).

[77] 尚虎平.合理配置政治监督评估与"内控评估"的持续探索——中国40年政府绩效评估体制改革的反思与进路[J].管理世界,2018,34(10).

[78] 尚虎平.政府绩效评估中"结果导向"的操作性偏误与矫治[J].政治学研究,2015(03).

[79] 邵兴全,胡业勋.企业参与社区治理的角色重构与制度安排研究——基于多元合作治理的分析框架[J].理论与改革,2018(03).

[80] 佘湘.城市社区治理中的集体行动困境及其解决——基于理性选择制度主义的视角[J].湖南师范大学社会科学学报,2014,43(05).

[81] 史永乐,严良.完善科技创新元治理体系的路径——来自发

达国家的经验与启示［J］．江汉论坛，2022（05）．

［82］宋晓明．互嵌式社区治理：宁夏多民族互嵌式社区建设的有效选择［J］．回族研究，2020，30（03）．

［83］孙锋，王峰．城市社区治理能力：分析框架与产生过程［J］．中国行政管理，2019（02）．

［84］孙宏伟．论元治理模式下英国地方公共服务供给的合作治理［J］．上海行政学院学报，2021，22（05）．

［85］孙建华．推进社会治理能力现代化——大庆市社区服务绩效评估指标体系构建［J］．大庆社会科学，2014（01）．

［86］孙珠峰，胡近．"元治理"理论研究：内涵、工具与评价［J］．上海交通大学学报（哲学社会科学版），2016，24（03）．

［87］覃道明．乡镇政府改革与乡村治理能力重塑［J］．社会主义研究，2008（05）．

［88］谭牧．新时代提升城市社区治理能力研究［J］．科学社会主义，2021（02）．

［89］唐任伍，马宁，刘洋．中国政府机构改革：元问题、元动力与元治理［J］．中国行政管理，2018（11）．

［90］唐任伍，叶天希，孟娜．乡村振兴战略实施中元治理的优势、作用、路径和支撑［J］．中国流通经济，2021，35（09）．

［91］陶斯文，杨凤．各民族相互嵌入式社区建设：制约因素与发展路径——对成都市的调查与思考［J］．西南民族大学学报（人文社会科学版），2019，40（03）．

［92］陶元浩．国家治理中的社区定位及衰落［J］．求实，2016（05）．

［93］田先红，张庆贺．再造秩序："元治理"视角下城市住宅小区的多元治理之道［J］．社会科学，2020（10）．

［94］王碧陶．认同与参与：藏传佛教与云南民族团结进步示范区

建设[J].云南社会科学,2018(04).

[95] 王汉生,吴莹.基层社会中"看得见"与"看不见"的国家——发生在一个商品房小区中的几个"故事"[J].社会学研究,2011,25(01).

[96] 王可园."政党社会化"内涵的系统建构与实践考察——基于城市社区治理的分析[J].社会科学,2021(12).

[97] 王浦劬,李天龙.中国城市社区党组织与居委会相互关系研究——基于C、N和B市的社区案例分析[J].河北学刊,2021,41(04).

[98] 王世强.构建社区共同体:新时代推进党建引领社区自治的有效路径[J].求实,2021(04).

[99] 王婷婷.论民族地区社区治理中的公民参与——以北京市密云县檀营满族蒙古族乡为例[J].满族研究,2011(03).

[100] 王燕玲,蒋小杰.城市社区:从"多元共治"到"一核多元"[J].中国治理评论,2020(01).

[101] 王阳.从"精细化管理"到"精准化治理"——以上海市社会治理改革方案为例[J].新视野,2016(01).

[102] 文化.文化建设激发民族社区治理内生动力——基于西北民族社区治理的实践探讨[J].西北民族研究,2014(04).

[103] 乌小花,康旭.城市社区民族工作实践创新研究——以东部某省的社区民族工作为例[J].西北民族研究,2019(04).

[104] 乌小花,乔国存."民族互嵌"视域下城市多民族社区治理模式探析——以浙江省宁波市ZL社区民族工作为例[J].青海民族大学学报(社会科学版),2018,44(03).

[105] 吴涵博.政府机构和社会资源的整合:元治理视角下应急管理的优化路径[J].中国社会科学院大学学报,2022,42(03).

[106] 吴晓林.新时代社区治理的探索和启示[J].秘书工作,

2020（07）.

[107] 伍玉振. 赋权增能：新时代城市社区治理的新视角［J］. 中共天津市委党校学报，2021，23（05）.

[108] 夏晓丽，蔡伟红. 城市社区治理中公民参与能力建设的调查与思考——基于L市社区的问卷调查［J］. 中南大学学报（社会科学版），2017，23（01）.

[109] 熊节春，陶学荣. 公共事务管理中政府"元治理"的内涵及其启示［J］. 江西社会科学，2011，31（08）.

[110] 徐沐熙. 党建创新引领社区治理现代化［J］. 中国党政干部论坛，2020（05）.

[111] 徐延辉，兰林火. 社区能力、社区效能感与城市居民的幸福感——社区社会工作介入的可能路径研究［J］. 吉林大学社会科学学报，2014，54（06）.

[112] 徐志国，马蕾. 难以摆脱的行政化——城市社区自治改革的困境初探［J］. 云南行政学院学报，2013，15（06）.

[113] 许宝君. 我国城市社区治理结构转换路径及发展趋向［J］. 求实，2021（05）.

[114] 薛荐戈. 西部少数民族地区城市社区治理法治化研究［J］. 贵州民族研究，2015，36（03）.

[115] 闫冰. 城市社区治理的碎片化及其整合：协同治理的视角［J］. 郑州大学学报（哲学社会科学版），2021，54（05）.

[116] 严志兰，邓伟志. 中国城市社区治理面临的挑战与路径创新探析［J］. 上海行政学院学报，2014，15（04）.

[117] 颜金，王颖. 新时代城乡社区治理体系建设研究［J］. 广西社会科学，2020（01）.

[118] 杨琛，王宾，李群. 国家治理体系和治理能力现代化的指标体系构建［J］. 长白学刊，2016（02）.

[119] 杨桓, 刘莹. 民族互嵌式社区治理法治化实施困境与对策 [J]. 湖北民族学院学报（哲学社会科学版）, 2019, 37 (01).

[120] 杨军剑. 城市社区治理效能的整体提升及优化路径探析 [J]. 学习论坛, 2019 (08).

[121] 杨君, 徐永祥, 徐选国. 社区治理共同体的建设何以可能？——迈向经验解释的城市社区治理模式 [J]. 福建论坛（人文社会科学版）, 2014 (10).

[122] 杨鹃飞. 民族互嵌型社区：涵义、分类与研究展望 [J]. 广西民族研究, 2014 (05).

[123] 杨敏. 作为国家治理单元的社区——对城市社区建设运动过程中居民社区参与和社区认知的个案研究 [J]. 社会学研究, 2007 (04).

[124] 杨婷. 元治理视阈下贫困治理能力生成机制研究 [J]. 贵州社会科学, 2018 (11).

[125] 杨雅厦. 智慧社区建设对公共服务供给模式的变革及其优化研究 [J]. 中国行政管理, 2018 (11).

[126] 姚华, 王亚南. 社区自治：自主性空间的缺失与居民参与的困境——以上海市J居委会"议行分设"的实践过程为个案 [J]. 社会科学战线, 2010 (08).

[127] 叶继红. 农转居社区治理能力：维度、影响因素与提升路径 [J]. 中州学刊, 2021 (02).

[128] 叶林, 宋星洲, 邵梓捷. 协同治理视角下的"互联网+"城市社区治理创新——以G省D区为例 [J]. 中国行政管理, 2018 (01).

[129] 易艳阳, 周沛. 元治理视阈下养老服务供给中的政府责任研究 [J]. 兰州学刊, 2019 (04).

[130] 尹浩. 城市社区微治理的多维赋权机制研究 [J]. 社会主义研究, 2016 (05).

[131] 余梓东，王平，林钧昌，等．北京市世界城市建设与和谐民族关系构建论［J］．民族论坛，2013（04）．

[132] 俞祖成，黄佳陈．城市社区治理的困境：居民权利与义务的失衡——基于上海社区田野调查的思考［J］．上海大学学报（社会科学版），2021，38（05）．

[133] 员杰．中国政府绩效管理40年：路径、模式与趋势［J］．重庆社会科学，2018（06）．

[134] 袁方成，邓涛．我国城市社区建设的新阶段、方向与重点［J］．行政论坛，2016，23（05）．

[135] 袁方成，王泽．政社合作与基层治理现代化的提升路径——以温州市五马街道"大网格"实验为参照［J］．江汉论坛，2017（10）．

[136] 袁年兴，袁瑞萍．少数民族流动人口的宗教治理法治化研究——基于东南沿海城市社区的抽样调查数据［J］．贵州民族研究，2020，41（05）．

[137] 袁小平，熊茜．社会动员视角下的农村社区能力建设[J].山东社会科学，2011（11）．

[138] 原珂．推进社区治理能力现代化的系统思路［J］．理论探索，2021（03）．

[139] 詹国彬．结构转换、权力互动与基层社会治理创新——以宁波市北仑区"三位一体"模式为个案的分析［J］．经济社会体制比较，2017（02）．

[140] 张邦辉，吴健，李恬漩．再组织化与社区治理能力现代化——以成都新鸿社区的实践为例［J］．中国行政管理，2019（12）．

[141] 张继亮．元治理：为何以及如何将国家带回到治理中来［J］．国外理论动态，2018（01）．

[142] 张劲松，秦梦．论社区自治组织行政化倾向的治理［J］．湖

北社会科学，2004（11）.

[143] 张举国."一核多元"：元治理视阈下农村养老服务供给侧结构性改革[J]. 求实，2016（11）.

[144] 张平，隋永强. 一核多元：元治理视域下的中国城市社区治理主体结构[J]. 江苏行政学院学报，2015（05）.

[145] 张平，吴子靖，赵萌. 中国城市社区治理研究的发展态势与评价——基于（1998—2017年）2049篇CSSCI的文献计量分析[J]. 治理研究，2019，35（01）.

[146] 张晓虎."元治理"理论的生成、拓展与评价[J]. 西南交通大学学报（社会科学版），2017，18（03）.

[147] 张雪霖. 通才型治理：城市社区治理现代化新方向[J]. 求索，2020（02）.

[148] 张艳国，刘小钧. 城市社区治理能力现代化研究——以江西南昌为例[J]. 江西社会科学，2017，37（01）.

[149] 张勇. 我国六十年城市社区建设历程、脉络与启示[J]. 深圳大学学报（人文社会科学版），2012，29（03）.

[150] 张志泽，高永久. 传统民族社区治理现代化视阈下的社会组织发展[J]. 贵州民族研究，2016，37（08）.

[151] 赵定东，万鸳鸳. 以文化人：文化建设何以推进社区治理能力的现代化转型——基于杭州市下城区武林街道的实践分析[J]. 学习论坛，2021（02）.

[152] 赵军义. 元治理视角下的乡村公共文化治理：回顾与前瞻[J]. 图书馆，2022（02）.

[153] 赵秀梅. 基层治理中的国家—社会关系——对一个参与社区公共服务的NGO的考察[J]. 开放时代，2008（04）.

[154] 赵致远. 党建引领：城市社区治理能力现代化的必然选择[J]. 中共成都市委党校学报，2021（01）.

[155] 郑方辉,邱佛梅. 法治政府绩效评价:目标定位与指标体系[J]. 政治学研究,2016(02).

[156] 周诚君,洪银兴. 城市经营中的市场、政府与现代城市治理:经验回顾和理论反思[J]. 改革,2003(04).

[157] 周大鸣. 社会建设视野中的城市社区治理和多民族参与[J]. 思想战线,2012,38(05).

[158] 周志忍. 论政府绩效评估中主观客观指标的合理平衡[J]. 行政论坛,2015,22(03).

[159] 周志忍. 为政府绩效评估中的"结果导向"原则正名[J]. 学海,2017(02).

[160] 朱碧波. 论我国民族事务的认知定式与治理转向——兼论涉民族因素社会问题治理的法治化[J]. 中南大学学报(社会科学版),2019,25(03).

[161] 朱健刚,王瀚. 党领共治:社区实验视域下基层社会治理格局的再生产[J]. 中国行政管理,2021(05).

[162] 朱健刚. 论基层治理中政社分离的趋势、挑战与方向[J]. 中国行政管理,2010(04).

[163] 宗世法. "元治理"理论视阈下的基层社会治理研究——以厦门市海沧区X街道为例[J]. 中共福建省委党校学报,2017(03).

学术论文

[164] 孔娜娜. 行动者、关系与过程:基层社会治理的结构性转换[D]. 武汉:华中师范大学,2012.

英文期刊

[165] ANDREA D B. Ethnic community in the time of urban branding

[J]. Identities, 2019.

[166] BALINT P J, MASHINYA J. The decline of model community-based conservation project: Governance, capacity, and devolution in Mahenye, Zimbabwe [J]. Geoforum, 2006 (05).

[167] BELLEFEUILLE G. The New Politics of Community-Based Governance Requires a Fundamental Shift in The Nature and Character of The Administrative Bureaucracy [J]. Children and Youth Services Review, 2005, 27 (5).

[168] BOVAIRD T. Beyond Engagement and Participation: User and Community Coproduction of Publics Services [J]. Public Administration Review, 2007, 67 (5).

[169] CHASKIN R J. Building Community Capacity: A Definitional Framework and Case Studies from A Comprehensive Community Initiative [J]. Urban Affairs Review, 2001, 36 (3).

[170] CHIN C B. "We've got team spirit!": ethnic community building and Japanese American youth basketball leagues [J]. Ethnic and Racial Studies, 2016, 39 (6).

[171] DAHL R A. Who Governs? Democracy and Power in an American City [J]. New Haven and London: Yale University Press, 1961.

[172] FLAGG C, MATTHEW A. Painter II. White Ethnic Diversity in Small Town Iowa: A Multilevel Analysis of Community Attachment [J]. Rural Sociology, 2019, 84 (2).

[173] GIBBON M, LABONTE R, LAVERACK G. Evaluating community capacity [J]. Health and social care in the community, 2002 (06).

[174] GLICKMAN N J, SERVON L J. More than bricks and sticks: Five components of community development corporation capacity [J]. Housing Policy Debate, 1998, 9 (3).

[175] JESSOP B. The rise of governance and the risks of failure: the case of economic development [J]. International Social Science Journal, 1998, 50 (155).

[176] KUZDAS C, WARNER B, WIEK A, et al. Sustainability Assessment of Water Governance Alternatives: The Case of Guanacaste Costa Rica [J]. Sustainability Science, 2016, 11 (2).

[177] LABONTE R, LAVERACK G. Capacity Building in Health Promotion, Part I: For Whom and For What Purpose [J]. Critical Public Health, 2001, 11 (2).

[178] LAVERACK G. Evaluating community capacity: visual representation and interpretation [J]. Community development journal, 2006.

[179] LARDIER D T. An examination of ethnic identity as a mediator of the effects of community participation and neighborhood sense of community on psychological empowerment among urban youth of color. [J]. Journal of community psychology, 2018, 46 (5).

[180] MANLEY J. Class, Power and the State in Capitalist Society [J]. Palgrave Macmillan UK, 2008.

[181] PIERRE G, PETERS G. Governance: A Garbage Can Perspective [J]. IHS Political Science Series, 2002, 84.

[182] PLOWDEN W. The Compact: Attempts to Regulate Relationships between Government and the Voluntary Sector in England [J]. Nonprofit and Voluntary Sector Quarterly, 2003, 32 (3).

[183] ROSELAND M. Sustainable community development: integrating environmental, economic, and social objectives [J]. Progress in Planning, 2000, 54 (2).

[184] ROTHMAN K J. Synergy and Antagonism in Cause-effect Relationships [J]. American Journal of Epidemiology, 1974, 99 (6).

[185] SABEL C. A Quiet Revolution of Democratic Governance: Towards Democratic Experimentalism [J]. Conference in the 21st Century Governance, 2000.

[186] THOMSON K, GRAY T. From Community-Based to Co-Management: Improvement or Deterioration in Fisheries Governance in the Cherai Poyil Fishery in the Cochin Estuary, Kerala [J]. India Marine Policy, 2009, 33 (4).

[187] VU C M, NGUYEN D, TANH D B, et al. Case Study of an Ethnic Community-Based Organization in the United States [J]. Nonprofit and Voluntary Sector Quarterly, 2017, 46 (1).